# Landhaus küche

Peter Bührer

Mit Fotos von Rainer Hofmann

CORMORAN

*Unbeschwerte Formen – zeitlose Eleganz.*

*Festlich speisen bei Kerzenschein und Wein.*

# Inhalt

## Frühstücksideen



## Feine Suppen



## Picknick im Grünen

## Spezialitäten vom Grill



## Salatvariationen



## Antipasti

*Für Leib und Seele – feine Küche und edles Dekor.*

*Den Sommer genießen mit südlicher Frische.*

*Zeitlose Eleganz und die Liebe zum Detail …*

*… führen zur leichten, klaren Form: eine Einladung zum Genießen.*



## Pasta



## Fleisch & Geflügel



## Frisch aus dem Meer

## Süße Träume



## Für besondere Anlässe

*Zu den klassischen Sommerfreuden zählen frische Früchte.*

*Ideal für heiße Tage: gebratener Fisch auf einem Gemüsebett.*

# Frühstücksideen

Die Sonne hat die Erde schon leicht erwärmt, gute Laune macht sich breit, und auf der Terrasse wartet ein herrlich frisches Büfett, das auch die letzten Langschläfer endlich aus den Federn lockt. Es duftet nach frischem Kaffee, gebackenen Butterwaffeln mit Frischkäse und Honig, fruchtigem Melonensalat mit Parmaschinken und Parmesan, Bananen-Buttermilch-Pfannkuchen oder Reisküchlein mit Waldbeeren. Aber auch herzhafte Gerichte wie gebackener Spargel mit Parmaschinken oder ein Geflügelsalat mit Bulgur stimmen ein in den Tag.

Sommerfrische mit Gazpacho, einem Rezept aus Spanien.

# Omelett mit Spargel, Lachs, Krevetten und Melone

## Zutaten

12 grüne Spargelspitzen
8 rohe Riesenk-evetten, geschält
Salz
2 EL kaltgep-esstes Olivenöl
4 Basilikumblätter
50 m  Wasser
1/2 Honigmelone
100 g Räucher achs in Scheiben
Schwarzer Pfeffer aus der Mühle
6 Eier
40 g Butter
4 Basilikumzweige

**1** Die Spargelspitzen über Dampf knackig garen. Die Riesenkrevetten vierteln, mit Salz würzen und im heißen Olivenöl anbraten.

**2** Die Basilikumblätter waschen und in feine Streifen schneiden. Die Basilikumstreifen in die Pfanne zu den Krevetten geben und mit dem Wasser ablöschen. Aus der Pfanne nehmen und mit den Spargelspitzen in eine Schüssel geben.

**3** Die Melone entkernen und mit einem runden Ausstecher kleine Kugeln ausstechen. Den Räucherlachs in Streifen schneiden.

**4** Melone und Räucherlachs unter die Krevetten mischen, mit Salz und Pfeffer würzen.

**5** Die Eier verquirlen und mit Salz würzen. 10 Gramm der Butter in einer beschichteten Pfanne schmelzen. Ein Viertel der Eimasse hineingeben und ein Omelett zubereiten.

**6** Ein Viertel der Füllung darauf verteilen und das Omelett zusammenklappen. Das Omelett auf einen Teller stürzen und mit einem Zweig Basilikum garnieren.

**7** Anschließend drei weitere Omeletts ebenso zubereiten.

# Aprikosenkompott mit gerösteten Mandeln

**1** Die Mandeln in einer beschichteten Pfanne ohne Fettzugabe hellbraun rösten.

**2** Die Aprikosen waschen, halbieren, entkernen, das Fruchtfleisch vierteln und die Viertel zusammen mit dem Weißwein und dem Zucker aufkochen. Bei geringer Hitze etwa 10 Minuten köcheln lassen.

**3** Die Vanillestangen längs aufschneiden, die Samen herauskratzen und zusammen mit den Mandeln zu den Aprikosen geben; erkalten lassen und in einer Fruchtschale servieren.

**Zutaten**

50 g Mandeln, gehobelt (Mandelblättchen)
500 g Aprikosen
50 ml trockener Weißwein
150 g Zucker
2 Stangen Vanille

# Eingekochte Brombeeren mit Zimt und Croûtons

**1** Den Zucker in einer beschichteten Pfanne ohne Fettzugabe hellbraun karamellisieren, die Brombeeren zufügen und umrühren.

**2** Das Wasser dazugießen, die Zimtstange hineingeben und 15 Minuten köcheln lassen. Den Zimt herausnehmen, und die Brombeeren erkalten lassen.

**3** Die Brotscheiben in kleine Würfel schneiden und in der Butter goldgelb rösten. Zucker und Zimtpulver vermengen und die Brotwürfel darin wenden.

**4** Die Brombeeren in tiefen Schalen anrichten, die Brotwürfel darüber streuen und die Schalen mit je einem Blatt Pfefferminze garnieren.

**Zutaten**

80 g Zucker
300 g Brombeeren
100 ml Wasser
1/4 Zimtstange
2 Scheiben Toastbrot
20 g Butter
1 TL Zucker
1/2 TL Zimtpulver
4 Pfefferminzeblätter

**Extratipp**

Je nach Belieben kann man zu den eingekochten Brombeeren mit Zimt und Croûtons auch geschlagene Sahne reichen.

# Butterwaffeln mit Frischkäse und Honig

## Zutaten

300 g Mehl
2 TL Backpulver
1/2 TL Salz
130 g Butter
130 g Zucker
3 Eier, verquirlt
150 ml Milch
50 ml Sahne
8–12 kleine Butterkugeln
150 g Frischkäse
Honig

**1** Für die Butterwaffeln Mehl, Backpulver und Salz gründlich vermengen. In einer Schüssel die Butter und den Zucker

schaumig rühren. Nach und nach die verquirlten Eier, Milch und Sahne unterrühren und anschließend die Mehlmischung einarbeiten.

**2** Das Waffeleisen vorheizen, jeweils etwas Waffelmasse einfüllen und goldbraune Waffeln backen.

**3** Die fertig gebackenen Waffeln warm stellen und mit Butterkugeln, Frischkäse und Honig servieren.

***Übrigens ...***
Wenn man die Butterwaffeln geschmacklich etwas anreichern möchte, kann man 2 reife Bananen pürieren und mit 6 Esslöffeln Kokosraspeln unter den Teig mischen. Vitaminreicher wird die süße Verführung am Morgen durch die Beigabe von frischem Apfelmus oder auch von heißen Himbeeren.

# Melonensalat mit Parmaschinken und Parmesan

### Zutaten

1 Cavaillon-Melone
150 g Parmaschinken, in feinen Scheiben
140 g Parmesan, am Stück
Schwarzer Pfeffer aus der Mühle
2 EL geröstete Pinienkerne

**1** Die Melone halbieren (die Kerne mit einem Löffel entfernen) und schälen. Das Fruchtfleisch in dünne Spalten schneiden.

**2** Den Parmaschinken in feine Streifen schneiden. Den Parmesan grob hobeln und über die Melonenspalten streuen.

**3** Sämtliche Zutaten vermengen und etwas Pfeffer zugeben. Den Salat auf vier Tellern anrichten und mit den Pinienkernen garnieren.

# Zucchinibrot mit Zimt und Nüssen

### Zutaten

2 Eier
3 TL Honig
50 g Rosinen
100 ml Sonnenblumenöl
1 TL Zimtpulver
1/2 TL Salz
50 g Walnüsse, gehackt
80 g Rohrzucker
2 TL Vanillezucker
250 g kleine Zucchini
120 g Mehl
1 TL Backpulver
Etwas Butter und Mehl für die Form

**1** Eier, Honig, Rosinen, Öl, Zimtpulver, Salz, Nüsse, Zucker und Vanillezucker miteinander verrühren.

**2** Die Zucchini waschen, fein raspeln, die Raspeln in ein Küchentuch legen und kräftig auspressen.

**3** Die ausgepressten Zucchiniraspeln unter die Ei-Honig-Masse mischen. Währenddessen den Backofen auf 180 °C vorheizen.

**4** Mehl und Backpulver vermengen und diese Mischung zusammen mit der Zucchinimasse zu einem dickflüssigen Teig verarbeiten.

**5** Den Zucchinibrotteig in eine zuvor gebutterte und bemehlte Kastenform füllen und danach im Backofen ungefähr 1 Stunde backen. Nicht herausnehmen, sondern im ausgeschalteten Backofen langsam auskühlen lassen.

# Geflügelsalat mit Bulgur

**1** Den Backofen auf 250 °C vorheizen. Die Knoblauchknolle in Zehen teilen, diese schälen und leicht zerdrücken, salzen und pfeffern sowie mit den Korianderstängeln und der Hälfte der Petersilie in das Hühnchen legen. Die Haut mit Olivenöl bestreichen, großzügig salzen und pfeffern.

**2** Das Hühnchen mit der Brust nach unten etwa 15 Minuten braten. Die Temperatur auf 200 °C zurückstellen. Das Hühnchen mit der Brustseite nach oben weitere 40 Minuten braten, dann abkühlen lassen.

**3** Die Keulen und Flügel vom Rumpf trennen. Das Fleisch von den Knochen lösen. Die Hühnerbrust als Ganzes herausschneiden und quer zur Faser in dicke Scheiben schneiden.

**4** Das Bulgur unter fließend kaltem Wasser in einem Sieb abbrausen. Das Wasser so lange laufen lassen, bis es klar bleibt. Das Bulgur in eine große Schüssel mit kaltem Wasser geben und etwa 1 Stunde einweichen lassen. Die Hälfte der Gurke in kleine Würfel schneiden, in ein Sieb geben, mit Salz bestreuen und so für einige Minuten Flüssigkeit herausziehen. Mit kaltem Wasser bedecken und etwa 30 Minuten wässern.

**5** Das Bulgur in ein Sieb geben und so viel Flüssigkeit wie möglich herauspressen. Zurück in die Schüssel geben und die Frühlingszwiebeln zufügen. Die gewürfelte Gurke abspülen, in einem Geschirrtuch ausdrücken und zu dem Bulgur geben. Einige Blättchen von der übrigen Petersilie und vom Koriander zum Garnieren beiseite legen, den Rest fein hacken und zu dem Bulgur geben. Olivenöl und Saft und Schale der Zitrone zufügen. Großzügig salzen und pfeffern und alles mit einer Gabel verrühren. Abschmecken, eventuell noch etwas mehr Zitronensaft und Öl zugeben.

**6** 12 der schönsten Kohlblätter in kochendem Salzwasser 2–3 Minuten blanchieren, in Eiswasser abschrecken und trockentupfen. In die Mitte der Teller jeweils 3 Kohlblätter legen. Darauf einen Hügel Bulgur setzen. Auf dem Bulgur das Hühnerfleisch anrichten. Mit den beiseite gelegten Koriander- und Petersilienblättern bestreuen.

**7** Die zweite Gurkenhälfte mit einem Kartoffelschäler in lange Streifen schneiden und über den Salat streuen. Kurz vor dem Servieren mit Olivenöl anmachen und mit Pfeffer bestreuen.

## Zutaten

1 Knoblauchknolle
Salz
Schwarzer Pfeffer aus der Mühle
30 g Korianderblätter und -stängel
30 g glattblättrige Petersilie
1 ofenfertiges Hühnchen, Gewicht nach dem Ausnehmen ca. 1,35 kg
Etwas Olivenöl zum Bestreichen und für das Dressing
115 g Bulgur (vorgegarter Weizen)
1 Salatgurke
8 Frühlingszwiebeln, in feine Scheiben geschnitten
100 ml kaltgepresstes Olivenöl
1 unbehandelte Zitrone
1 Kopf Wirsing, Strunk und äußere Blätter entfernt

# Zwiebelkuchen mit Speck und Käse

## Zutaten

**Für den Teig**
20 g Butter
2 EL Mehl
150 g Blätterteig

**Für die Füllung**
4 Zwiebeln
120 g Frühstücksspeck
30 g Butter
200 ml Sahne
3 Eier
40 g Greyerzer, gerieben
Salz
Schwarzer Pfeffer aus der Mühle
Etwas Muskatnuss

**1** Eine Springform mit 24 Zentimetern mit der Butter ausfetten und mit dem Mehl

ausstäuben. Den Blätterteig etwa 2 Millimeter dünn ausrollen und die Kuchenform damit auslegen; dabei gut andrücken und mit einer Gabel einstechen. Den Backofen auf 180 °C vorheizen.

**2** In der Zwischenzeit für die Füllung die Zwiebeln schälen, fein hacken, den Speck in feine Streifen schneiden und beide Zutaten in der Butter andünsten. Die Sahne dazugießen, alles kurz aufkochen und dann erkalten lassen. Die Eier verquirlen, zusammen mit dem geriebenen Käse zu der Zwiebel-Speck-Masse geben und alles mit Salz, Pfeffer und frisch gemahlener Muskatnuss würzen.

**3** Die Füllung auf dem Kuchenboden gleichmäßig verteilen und im Backofen 45–50 Minuten backen. Die Quiche schmeckt warm serviert am besten.

# Gebratene Polentaschnitten mit Rosinen und Pflaumen

**1** Für das Pflaumenkompott die Pflaumen waschen, halbieren, entsteinen, das Fruchtfleisch vierteln und zusammen mit Zucker, Wasser und der Zimtstange in einem Topf etwa 5 Minuten köcheln und dann erkalten lassen.

**2** Für die Polentaschnitten Milch und Butter aufkochen. Mais und Salz zugeben und etwa 20 Minuten köcheln lassen – öfter umrühren, damit der Brei nicht anbrennt. Zuletzt den Zucker und die Rosinen zugeben und alles gut vermengen.

**3** Den Maisbrei auf einem gebutterten Backblech gleichmäßig etwa 1 Zentimeter dick ausstreichen, erkalten lassen und dann in quadratische Schnitten schneiden.

**4** Die Schnitten in der Butter goldgelb backen, auf Küchenpapier etwas abtropfen lassen und auf vier Tellern anrichten.

**5** Zucker mit Zimtpulver vermischen, die Polentaschnitten damit bestreuen und das Pflaumenkompott dazu servieren.

*Einkaufstipp*

Für das Pflaumenkompott beim Kauf ruhig die Pflaumen bevorzugen, die am Stielansatz bereits leichte Runzeln aufweisen. Diese Pflaumen haben mehr Aroma als ganz frische.

## Zutaten

**Für das Kompott**

300 g Pflaumen
150 g Zucker
100 ml Wasser
1 Zimtstange

**Für die Polenta**

300 ml Milch
40 g Butter
100 g Bramata-Mais
(grob gemahlener Mais)
1/2 TL Salz
50 g Zucker
60 g Rosinen
Etwas Butter für das Blech
30 g Butter

**Für den Zimtzucker**

3 EL Zucker
1 TL Zimtpulver

# Gebackener Spargel mit Parmaschinken

## Zutaten

2 Knoblauchzehen
60 g Butter
8 Stangen grüner Spargel
60 g Parmesan, am Stück
8 Platten Filo-Teig (Strudelteig)
Schwarzer Pfeffer aus der Mühle
8 dünne Scheiben Parmaschinken
1 unbehandelte Zitrone,
in Spalten geschnitten

**1** Die Knoblauchzehen schälen, zerdrücken und zusammen mit der Butter in einem kleinen Topf bei niedriger Hitze erwärmen.

**2** Die Butter mit dem Knoblauch nach etwa 10 Minuten von der Kochstelle nehmen, weitere 10 Minuten im Topf ziehen lassen, damit die Butter das Knoblaucharoma völlig annimmt, und dann durch ein sehr feines Sieb in eine Schüssel streichen.

**3** Den Spargel putzen und die holzigen Enden abschneiden. Den Spargel 2 Minuten blanchieren. Den Backofen auf 230 °C vorheizen.

**4** Jeweils eine Filo-Platte vorbereiten. Die nicht verwendeten Platten mit einem feuchten Geschirrtuch bedeckt halten. Jeweils eine Teigplatte ausbreiten, mit der Knoblauchbutter bestreichen und auf die Hälfte zusammenfalten. Mit geriebenem Parmesan und Pfeffer bestreuen, aber nicht salzen (der Schinken ist bereits salzig).

**5** Jeweils auf eine Filo-Platte eine Scheibe Schinken legen, darauf eine Spargelstange und alles aufrollen.

**6** Die Rollen außen mit Butter bestreichen, in etwa 5 Zentimeter lange Stücke schneiden, auf ein beschichtetes Backblech legen und in etwa 10 Minuten goldgelb backen.

**7** Die Spargelrollen auf Zimmertemperatur abkühlen lassen und jeweils mit einem Zitronenschnitz servieren.

*Die Butter sollte sehr gründlich durch ein Sieb passiert werden, denn wenn Knoblauchreste in der Butter bleiben, verkohlen diese später beim Backen und werden bitter.*

# Bananen-Buttermilch-Pfannkuchen

## Zutaten

**Für den Pfannkuchen**

280 g Mehl
3 TL Backpulver
1 TL Salz
2 Eier
50 g Butter, flüssig
50 g Zucker
300 ml Buttermilch
400 ml Milch
2 reife Bananen

**Für das Ragout**

100 ml Milch
150 ml Sahne
40 g Zucker
2 Eigelbe
3 reife Bananen
4 TL Schokoladenspäne
2 TL Sesamsamen
2 Tropfen Sesamöl
4 Pfefferminzeblätter

*Wer möchte, kann zu den Bananen-Buttermilch-Pfannkuchen auch ein anderes Fruchtkompott oder auch einfach nur Butter servieren.*

**1** Mehl, Backpulver und Salz in einer Schüssel vermengen.

**2** In einer anderen Schüssel die Eier verquirlen, die Hälfte der flüssigen Butter, Zucker, Buttermilch, Milch und pürierte Bananen zugeben und gut vermischen. Die Mehlmischung zu

der flüssigen Masse geben und gut durchrühren.

**3** In einer kleinen beschichteten Pfanne in ein wenig der restlichen flüssigen Butter jeweils etwa 50 Milliliter des Teigs geben und die Pfannkuchen goldgelb ausbacken.

**4** Für das Bananenragout die Milch und die Sahne zum Kochen bringen.

**5** In einer Schüssel Zucker und Eigelbe schaumig schlagen. Das heiße Milch-Sahne-Gemisch unter starkem Rühren unter die Eimasse mischen, das Ganze zurück in die Pfanne gießen und vorsichtig bis knapp vor den Siedepunkt erhitzen. Vom Herd nehmen und erkalten lassen.

**6** 1 Banane schälen, klein schneiden und im Mixer pürieren. Die anderen Bananen schälen und in Würfel schneiden. Bananenwürfel und -püree unter die Eicreme mischen, 2 Teelöffel Schokoladenspäne, Sesamsamen und das Sesamöl dazugeben.

**7** Die warmen Pfannkuchen auf Tellern anrichten. Das Bananenragout dazu servieren und mit den restlichen Schokoladenspänen und den Pfefferminzeblättern garnieren.

# Riesenkrevetten mit Tomaten, Basilikum und Knoblauch

**1** Die Kartoffeln schälen und in Salzwasser weich kochen. Den Knoblauch in Milch, Gemüsebrühe und mit einem Thymianzweig etwa 5 Minuten köcheln lassen, anschließend das Kochwasser abschütten.

**2** Die Riesenkrevetten waschen und mit Küchenkrepp trockentupfen; mit Salz und weißem Pfeffer würzen und im heißen Olivenöl andünsten. Die Kirschtomaten und die gekochten Knoblauchzehen zugeben und mitdünsten.

**3** Die Basilikumblättchen von den Stängeln abzupfen und in

feine Streifen schneiden. Die Streifen zu den Krevetten geben. Mit dem trockenen Weißwein ablöschen, die Fleischbrühe dazugießen und die Krevetten bei geringer Hitze gar ziehen lassen.

**4** Zum Schluss mit Salz und schwarzem Pfeffer würzen, auf 4 Tellern anrichten, die Kartoffeln dazu arrangieren und jede Portion mit je 1 Basilikum- und 1 Thymianzweig garnieren.

## Zutaten

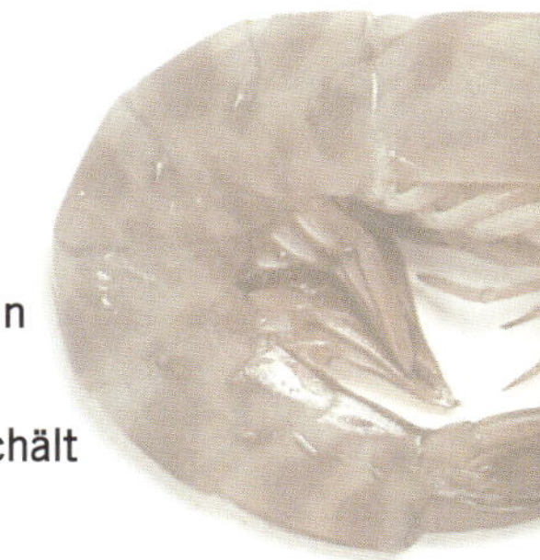

12 kleine Frühkartoffeln
Salz
12 Knoblauchzehen, geschält
50 ml Milch
50 ml Gemüsebrühe
5 Thymianzweige
20 Riesenkrevetten,
ohne Schale und Darm
Weißer Pfeffer
50 ml kaltgepresstes Olivenöl
12 Kirschtomaten
1 Bund Basilikum
40 ml trockener Weißwein
100 ml Fleischbrühe
Schwarzer Pfeffer aus der Mühle
4 Basilikumzweige

# Café-au-lait-Cake mit Zimt

## Zutaten

560 g Mehl
1/2 TL Salz
2 TL Zimt
1/4 TL Ingwer
170 g brauner Zucker
180 g weißer Zucker
180 ml Maisöl
1 TL Backnatron
1 TL Backpulver
1 Ei, verquirlt
1/4 l Buttermilch
Etwas Butter für die Form
125 g Wal- oder Pekannüsse, gehackt
Etwas Puderzucker zum Bestäuben

**1** Mehl, Salz, 1 Teelöffel Zimt, Ingwer, braunen und weißen Zucker und Maisöl in der Küchenmaschine verrühren. Backnatron, Backpulver, Ei und Buttermilch zugeben und

unterrühren. Der Teig sollte geschmeidig und ohne Klumpen sein.

**2** Den Backofen auf 180 °C vorheizen und eine Springform mit 24 Zentimeter Durchmesser gut einfetten.

**3** Drei Viertel des Teigs in die Form geben. Die gehackten Nüsse und den zweiten Teelöffel Zimt mit dem letzten Teigviertel gründlich vermengen und dieses nussige Viertel auf den zuvor in die Springform gefüllten Teig geben.

**4** Ungefähr 15 Minuten bei 180 °C backen, anschließend noch eine weitere Stunde bei 160 °C. Bei zu starker Bräunung den Kuchen einfach mit Alufolie bedecken.

**5** Zum Schluss den Café-au-lait-Cake abkühlen lassen, mit Puderzucker bestreuen und servieren.

# Reiskuchlein mit Waldbeeren

1 Den Reis in Salzwasser weich kochen, das Wasser abgießen und den Reis in eine Schüssel geben. Die Hefe in der Milch auflösen, zum Reis geben und 2 Stunden aufgehen lassen.

2 Mehl, Salz, Zucker, Zimtpulver, Muskatnuss und die Eier zu der Reismasse geben. Mit einem Kochlöffel gut durcharbeiten, bis die Masse fast wie ein Püree ist.

3 20 Minuten aufgehen lassen und dann kleine Küchlein formen. Diese im heißen Öl goldgelb ausbacken und auf Küchenpapier abtropfen lassen.

4 In der Zwischenzeit die Beeren putzen und in dem Wasser kurz aufkochen.

5 Den Gelierzucker zugeben, 3 Minuten köcheln und dann erkalten lassen.

6 Die Reisküchlein zusammen mit den Beeren auf Tellern anrichten und abschließend mit Puderzucker bestäuben.

## Zutaten

80 g unglasierter Reis
(Vialone = Risottoreis aus Italien)
Etwas Salz für den Reis
7 g Trockenhefe
100 ml Milch, lauwarm
120 g Mehl
1 TL Salz
40 g Zucker
1 TL Zimtpulver
1 Messerspitze Muskatnuss, gemahlen
3 Eier, verquirlt
300 ml Frittieröl
400 g Waldbeeren
(Heidelbeeren, Himbeeren
und Brombeeren)
100 ml Wasser
100 g Gelierzucker
Puderzucker

# Feine Suppen

Wenn es wärmer wird und der Sommer allmählich näher rückt, steht einem oft der Sinn nach kleinen Gerichten. Leichte Suppen am Mittag oder als Vorspeise am Abend – feine Gaumenfreuden, schnell und unkompliziert zubereitet, wie eine Tomatensuppe, eine Hühnersuppe mit Kokos, Koriander und Zitronengras, eine erfrischende Sommer-Minestrone, eine Maissuppe mit gerösteter Paprika und Geflügel oder ein herzhaftes Gazpacho mit gebackenem Brie.

Auch eine Möhrensuppe mit Kokosnuss und Spinat passt gut in die sommerliche Küche.

# Maissuppe mit gerösteter Paprika und Geflügel

## Zutaten

1 rote Paprikaschote
3 TL Kreuzkümmelsamen
450 g frische Maiskörner
(etwa 6 Kolben)
1 Zwiebel
1 Knoblauchzehe
2 EL kaltgepresstes Olivenöl

2 Hühnerbrustfilets
Salz
Schwarzer Pfeffer aus der Mühle
1 Kaffir-Limonenblatt (wahlweise)
800 ml leichte Hühnerbrühe
200 ml Sahne
Einige Staudenselleriéblätter

**1** Die Paprikaschote, auf eine Gabel gespießt, über der offenen Flamme einer Gaskochstelle oder unter einem vorgeheizten Grill rösten, so dass die Haut der Schote blasig wird. Ist die Paprikaschote zur weiteren Verarbeitung genügend abgekühlt, die Haut abziehen, die Kerne entfernen und die so vorbereitete Paprika beiseite legen.

**2** Die Kreuzkümmelsamen fein hacken und in einer beschichteten Pfanne ohne Fettzugabe bei niedriger Temperatur etwa 3 Minuten rösten.

**3** Die Körner von den Maiskolben schneiden und beiseite stellen. Die Zwiebel abziehen und fein hacken. Die Knoblauchzehe schälen und in feine Scheiben schneiden.

**4** Die Zwiebel in dem Olivenöl glasig dünsten. Die Knoblauchscheiben mit dem Kreuzkümmel dazugeben.

**5** Die Hühnerbrustfilets salzen und pfeffern und bei mittlerer Hitze in einer beschichteten Pfanne ohne Fett unter gelegentlichem Wenden 10–12 Minuten braten, dann an einem warmen Ort ruhen lassen. Die gegarten Filets sollen sich auf Druck recht fest anfühlen.

**6** Die Maiskörner und das Limonenblatt – falls man eines verwendet – zu den gedünsteten Zwiebeln geben und alles mit der Hühnerbrühe und der Sahne aufgießen. Zum Kochen bringen, die Hitze reduzieren und leicht kochen lassen, bis der Mais gerade eben weich ist. Abhängig von der Maisart liegt die Garzeit bei 8–10 Minuten. Die Suppe bis zur gewünschten Konsistenz einkochen lassen und mit Salz und Pfeffer abschmecken.

**7** Die Hühnerbrustfilets und die Paprikaschote in Streifen schneiden und auf 4 große Suppenteller verteilen, die Maisbrühe darüber geben und zum Schluss die Suppe mit Sellerieblättern bestreuen.

# Tomatensuppe mit geröstetem Knoblauch und Kräutern

## Zutaten

**Für 6 Personen**

8 Knoblauchzehen
1 kleine Zwiebel
3 EL Olivenöl
750 g Tomaten oder
375 g italienische Dosentomaten
3/4 l Hühnerbrühe
60 g Spaghetti oder Linguine
2 EL gemischte Kräuter, z. B. Petersilie, Thymian, Bohnenkraut, Schnittlauch, Oregano und Majoran
Salz, frisch gemahlener schwarzer Pfeffer
1 EL Rotweinessig
3–4 EL fruchtiger Rotwein (Côtes du Rhône, Zinfandel)

**1** Den Knoblauch abziehen und die Zehen halbieren. Die Zwiebel abziehen und fein würfeln. Das Olivenöl in einem Suppentopf erhitzen und Zwiebel und Knoblauch 15 Minuten bei schwacher Hitze darin andünsten.

**2** Die Tomaten blanchieren, häuten, vierteln, entkernen und hacken; bzw. Dosentomaten abtropfen lassen und ebenfalls hacken. Zu den Zwiebeln geben, die Hühnerbrühe und 1/4 Liter Wasser angießen und 10 Minuten bei schwacher Hitze und geöffnetem Topf kochen.

**3** Die Nudeln in 2,5 Zentimeter lange Stücke brechen, mit den gehackten Kräutern in den Topf geben und die Suppe weitere 10 Minuten kochen.

**4** Mit Salz, Pfeffer, Essig und Rotwein abschmecken, noch einmal 2 Minuten bei schwacher Hitze aufkochen lassen und sofort servieren.

# Möhrensuppe mit Kokosnuss und Spinat

**1** Die Möhren schälen und in 2,5 Zentimeter große Stücke schneiden. Die Zwiebel abziehen und vierteln.

**2** Die Möhren mit den Zwiebelvierteln, der Instantbrühe und der ganzen, geschälten Knoblauchzehe in einen Dampfkochtopf geben, leicht salzen und mit Wasser bedecken. Aufkochen lassen und die Möhren bei geringem Druck in etwa 10 Minuten weich garen.

**3** Den Knoblauch herausnehmen und die Möhren mit der Kochflüssigkeit in den Mixer geben. Die Mandeln hinzufügen und das Ganze pürieren.

**4** Die Suppe wieder auf die Herdplatte stellen und den Limettensaft und den verlesenen, abgebrausten und etwas klein gezupften Spinat hinzufügen. Sollte die Suppe zu dick sein, noch etwas Wasser angießen. Rühren, bis der Spinat zusammengefallen ist, mit Salz und Pfeffer würzen und von der Kochstelle nehmen.

**5** Mit einigen Kokosspänen garnieren und sofort servieren.

## Zutaten

**Für 6 Personen**

1 kg Möhren
1 große Zwiebel
1 EL Instantbrühe
1 Knoblauchzehe
Salz
50 g ganze Mandeln
Saft von 1 Limette
250 g Spinat
etwas frisch gemahlener schwarzer Pfeffer
1 Stück frisches Kokosfleisch
(nach Belieben)

### Extratipp

Der Sommerspinat sollte nach Möglichkeit noch am selben Tag zubereitet werden, da er schnell zusammenfällt und welk wird. Wenn er dennoch gelagert werden muss, dann waschen, locker in ein Küchentuch einschlagen und im Kühlschrank aufbewahren.

# Sommer-Minestrone mit Tomaten

## Zutaten

**Für 4 Personen**

100 g magerer Bauchspeck
1 Bund Petersilie
1 Zweig Rosmarin
2 Lorbeerblätter
1 Zwiebel
1 Stange Lauch
4 EL Olivenöl extra vergine
200 g Brechbohnen
4 Karotten
8 Stengel Bleichsellerie
2 Zucchini
4 Tomaten
Salz, frisch gemahlener schwarzer Pfeffer
1,5 l Fleischbrühe
200 g Reis
200 g Salami
etwas Basilikum
1 Knoblauchzehe
80 g geriebener Parmesan

**1** Den Speck in kleine Würfel schneiden und diese zusammen mit etwas Petersilie, Rosmarin, 1 Lorbeerblatt, der in Scheiben geschnittenen Zwiebel und dem ebenfalls klein geschnittenen Lauch in der Hälfte des Öls schmoren lassen.

**2** Danach die Petersilie und den Rosmarin herausnehmen und die zuvor geputzen, gesäuberten und in mundgerechte Stücke geschnittenen Gemüsesorten sowie das restliche Olivenöl dazugeben. Alles einige Minuten dünsten lassen.

**3** Anschließend die blanchierten, enthäuteten, entkernten und in Stücke geschnittenen Tomaten zufügen. Alles mit Salz und Pfeffer pikant abschmecken. Mit der Brühe aufgießen und so lange kochen lassen, bis die Bohnen anfangen zu garen. Dann den Reis zugeben und diesen leicht weich kochen.

**4** Kurz vor Ende der Garzeit die Suppe mit in Streifen geschnittener Salami, etwas fein gehacktem Basilikum, dem zweiten Lorbeerblatt, der geschälten Knoblauchzehe und etwas Petersilie würzen. Den Topf vom Herd nehmen und die Minestrone ziehen lassen. Zum Schluss die Knoblauchzehe und das Lorbeerblatt entfernen und die Minestrone zusammen mit dem Parmesan servieren.

### Extratipp

Die Minestrone schmeckt auch kalt sehr gut. Dazu wird, sobald der Reis fast weich ist, reichlich geriebener Käse in die nicht mehr kochende Suppe gegeben, erkalten lassen und servieren.

# Hühnersuppe mit Kokos, Koriander und Zitronengras

## Zutaten

**Für 4 Personen**

2 Zwiebeln
3 Knoblauchzehen
500 g Hähnchenbrust, ohne Knochen und Haut
2 EL Pflanzenöl
1 TL gemahlene Kurkuma
3 Zitronenblätter

1 TL gehackte Chilischote
1 Stängel Zitronengras oder 2 TL frisch abgeriebene, unbehandelte Limettenschale
4 EL Limettensaft
1 l Hühnerbrühe
500 g ungesüßte Kokoscreme
2 EL thailändische Fischsauce oder Sojasauce
1/2 Bund Koriander

**1** Die Zwiebeln abziehen und würfeln, den Knoblauch abziehen und durchpressen. Die Hähnchenbrüste in dünne Scheiben schneiden.

**2** Das Öl in einem Topf erhitzen. Die Zwiebel und den Knoblauch hineingeben und unter Rühren andünsten, bis die Zwiebelwürfel glasig sind.

**3** Die Gewürze, die Chilischote und das gehackte Zitronengras hinzufügen und unter ständigem Rühren braten, bis das Zitronengras weich ist.

**4** Limettensaft, Hühnerbrühe, Kokoscreme und Fischsauce dazugeben und alles zusammen aufkochen lassen.

**5** Die Hähnchenbrüste in die Suppe legen und 3 Minuten bei schwacher Hitze mitgaren. Das Gericht zum Schluss hübsch mit Korianderblättern verzieren.

# Kerbelcremesuppe

1 Die Kartoffeln schälen und würfeln. Die Zwiebel häuten und fein hacken. Die Milch zusammen mit der Gemüsebrühe zum Kochen bringen, Kartoffeln und Zwiebel zufügen und alles 30 Minuten kochen lassen.

2 Anschließend durch ein feines Sieb passieren und die fein gehackten Kerbelblättchen dazugeben. Die Suppe mit Salz, Pfeffer und Zitronensaft fein abschmecken und mit der Crème fraîche verfeinern.

3 Die Kerbelsuppe noch 5 Minuten ziehen lassen. In der Zwischenzeit die Brotwürfelchen in einer beschichteten Pfanne ohne Fettzugabe leicht rösten. Die Suppe zum Schluss mit den Würfelchen bestreuen.

**Zutaten**

**Für 4 Personen**

6 kleine Kartoffeln
1 Zwiebel
800 ml Milch
4 TL Gemüsebrühe
250 g Kerbel
Salz, weißer Pfeffer
Saft 1/2 Zitrone (nach Belieben)
4 EL Crème fraîche
Weißbrotwürfelchen

# Zucchinisuppe mit Petersilie

1 Die Knoblauchzehen schälen und fein hacken. Die Zucchini säubern und in feine Scheiben schneiden. Beide Zutaten in dem Öl einige Minuten schmoren lassen.

2 In der Zwischenzeit die Petersilie und das Basilikum abbrausen, trockenschütteln und die Blättchen fein hacken. Die Chilischote entkernen und sehr fein hacken.

3 Chili zu den Zucchinischeiben geben und mit der kochenden Gemüsebrühe aufgießen. Weiter kochen, bis die Zucchini weich sind. Zum Schluss die gehackten Kräuter zugeben und mit Salz abschmecken und servieren.

**Zutaten**

**Für 4 Personen**

2 Knoblauchzehen
1,5 kg Zucchini
2 EL Olivenöl
1/2 Bund Petersilie
etwas Basilikum
1/2 kleine grüne Chilischote
Salz
1 l Gemüsebrühe

# Gazpacho mit gebackenem Brie

## Zutaten

**Für 6 Personen**

**Für das Gazpacho**
1 kg Tomaten
150 g Gurke
2 Zwiebeln (etwa 150 g)
70 g Staudensellerie, geschält
80 g rote Paprika
1–2 TL Chilischoten
1 Knoblauchzehe
500 ml Tomatensauce
3–4 TL Rotweinessig
1/2 TL gemahlener Kreuzkümmel
1 TL frischer Oregano
2 TL Meersalz
3 EL kaltgepresstes Olivenöl

**Für den Brie**
1 kleiner Briekäse
Schwarzer Pfeffer aus der Mühle
3 Platten Filo-Teig (Strudelteig)
1 EL kaltgepresstes Olivenöl

**1** Die Tomaten oben kreuzweise einritzen, etwa 15 Sekunden in kochend heißes Wasser tauchen. Danach kalt abschrecken und häuten. Die Tomaten halbieren, den Stielansatz herausschneiden, die Kerne entfernen. Das Tomatenfleisch fein hacken.

**2** Die Gurke schälen, halbieren (die Kerne entfernen) und das Fruchtfleisch fein hacken. Die Zwiebeln abziehen und zerkleinern. Den geputzten Sellerie, den Paprika, die Chilischoten sowie die geschälte Knoblauchzehe fein hacken.

**3** In einem Mixer Gemüse (als Garnitur einen Teil der Gurken- und Paprikawürfel beiseite legen), Chilischoten, Tomatensauce, Rotweinessig und Knoblauch gründlich vermengen. Danach mit Kreuzkümmel, Oregano und Meersalz würzen.

**4** Bei laufender Maschine das Olivenöl in einem dünnen Strahl einfließen lassen. Die Gazpachomischung beiseite stellen. Den Backofen auf 200 °C vorheizen.

**5** Den Brie in 6 kleine Tortenstücke schneiden und mit Pfeffer würzen. Jede Filo-Platte mit Olivenöl bestreichen und dann alle aufeinander legen.

**6** Den Filo-Teig in 6 gleich große Stücke schneiden. Jeweils ein Briestück damit umwickeln und im Ofen etwa 5 Minuten goldbraun backen.

**7** Das Gazpacho durch ein Sieb streichen. Wenn es auf Zimmertemperatur abgekühlt ist, auf 6 Suppenteller verteilen und mit jeweils einem gebackenen Briestück garnieren.

# Positano-Fischtopf mit Fenchel und Sellerie

## Zutaten

150 g Staudensellerie, geputzt
1 Fenchelknolle, geputzt
10 schwarze Oliven, entsteint
1 Zwiebel, fein gehackt
4 Knoblauchzehen
90 ml kaltgepresstes Olivenöl
300 g Pelati-Tomaten mit Saft (geschälte Eiertomaten in der Dose)
400 ml Fischbrühe
800 ml Gemüsebrühe
1 Bund Basilikum, fein gehackt
1/2 Bund Majoran, fein gehackt
Salz
Schwarzer Pfeffer aus der Mühle
2 EL Noilly Prat (französischer Wermut)
1 TL Pernod
je 150 g Lachs- und Seeteufelfilet
200 g Barschfilet

**1** Den Staudensellerie in feine Scheiben, den Fenchel schräg in Scheibchen, die Oliven in Streifen schneiden und die Zwiebel fein hacken. Die Knoblauchzehen schälen. Alles in 40 Milliliter Öl andünsten.

**2** Die schwarzen Oliven, die geschälten Eiertomaten aus der Dose mit dem Tomatensaft sowie die Fisch- und Gemüsebrühe zugeben und alles für etwa 10 Minuten bei schwacher Hitze kochen lassen.

**3** Die Kräuter zufügen sowie Noilly Prat und Pernod zugießen.

**4** Die Fischfilets in Streifen schneiden, mit Salz würzen und in der Suppe gar ziehen lassen.

**5** Den Fischtopf in einer Suppenterrine anrichten und mit dem restlichen Olivenöl beträufeln.

# Picknick im Grünen

Ob im kühlen Schatten eines Baums, am Rand eines sprudelnden Bachs oder auf einer blühenden Wiese – überall findet sich ein lauschiges Plätzchen für ein herrliches Picknick zu zweit oder auch mit all seinen Freunden. Dabei erwarten Sie Augen- und Gaumenfreuden ganz besonderer Art, wie z.B. feurig-würzige Pouletschenkel mit Pastasalat und knusprige Bruschetta mit Steinpilzen. Wie wäre es dann noch mit gedecktem Apfelkuchen mit Orangensahne zum Nachtisch?

Krönender Abschluss einer Landpartie mit Picknick: köstliche Himbeerküchlein.

# Kartoffelsalat mit Eiern und Speck

## Zutaten

1250 g rote Kartoffeln (etwa gleich groß)
2 Knoblauchzehen
100 g Frühlingszwiebeln
1 Bund Petersilie
Schwarzer Pfeffer aus der Mühle
1 TL Salz
2 EL Dijonsenf
3 EL Rotweinessig
120 ml kaltgepresstes Olivenöl
150 g Speck, in Streifen geschnitten und knusprig gebraten
3 hart gekochte Eier

**1** Die Kartoffeln mit Wasser bedeckt zum Kochen bringen. Je nach Größe etwa 15 Minuten garen, bis sie sich weich anfühlen, wenn man mit einer Gabel hineinsticht. Von der Kochstelle nehmen, das Kochwasser abgießen und die Kartoffeln etwa 15 Minuten stehen lassen, bis sie mäßig warm abgekühlt sind.

**2** Inzwischen die Knoblauchzehen und die Frühlingszwiebeln putzen. Den Knoblauch pressen und die Zwiebeln längs in feine, kurze Streifen schneiden. Die Petersilie waschen und klein schneiden; ein kleines Sträußchen für die Garnitur zur Seite legen.

**3** Danach alle anderen Zutaten außer den Eiern zu einem Dressing vermengen.

**4** Die warmen Kartoffeln schälen, in Würfel schneiden und in einer Schüssel in dem Dressing behutsam wenden. Dabei sollte man nicht zu grob vorgehen, sonst wird der Kartoffelsalat leicht matschig.

**5** Nach Belieben würzen, ruhen lassen, nach 1/2 Stunde erneut vorsichtig wenden. Die Eier pellen und klein hacken. Vor dem Servieren den Kartoffelsalat noch einmal abschmecken und die Eier dazugeben. Eventuell mit Petersilie garnieren.

# Bruschetta mit Steinpilzen und Basilikum

## Zutaten

150 g frische Steinpilze
15 g Butter
4 EL kaltgepresstes Olivenöl
1 Knoblauchzehe, gepresst
1 Bund Petersilie, fein gehackt
1/2 Bund Basilikum, fein gehackt
Salz
Schwarzer Pfeffer aus der Mühle
4 Scheiben Weißbrot

**1** Die Steinpilze mit Küchenpapier gründlich säubern und blättrig schneiden. Butter und Öl erhitzen, die Steinpilzscheiben vorsichtig darin garen.

**2** Knoblauch, Petersilie und Basilikum zugeben und die Steinpilz-Kräuter-Mischung nach Geschmack mit Salz und Pfeffer würzen.

**3** Das Weißbrot auf einem Toasteraufsatz oder in einer Pfanne rösten. Die Pilze auf dem gerösteten Brot verteilen und sofort servieren.

*Übrigens …*
Für Bruschetta ist das helle ungesalzene italienische Landbrot ideal geeignet.

# Himbeerküchlein

**1** Den Backofen auf 180 °C vorheizen. In der Zwischenzeit das Mehl in eine Schüssel sieben. Backpulver und Salz zufügen und das Ganze gründlich vermengen. Eier und Zucker in einer Küchenmaschine etwa 5 Minuten lang schaumig schlagen und beiseite stellen.

**2** Die Butter in eine kleine Pfanne geben und schmelzen lassen. Milch und Vanillemark hinzufügen und zu einer cremigen Masse aufschlagen. Diese zur Mehlmischung geben und alles zu einem glatten, dickflüssigen Teig verarbeiten.

**3** Etwa 12 Muffinförmchen mit Butter ausstreichen, mit Mehl ausstäuben und den Teig einfüllen. Die Küchlein im Ofen etwa 35 Minuten backen, dann herausnehmen und auf ein Küchengitter stürzen. Auskühlen lassen und mit Hilfe eines kleinen runden Ausstechers aus der Mitte der Küchlein jeweils eine kleine Mulde ausstechen und mit der Himbeerkonfitüre füllen.

**4** Für die Glasur die Butter und das Wasser in eine kleine Pfanne geben. Die Butter vorsichtig schmelzen, erkalten lassen, den Zucker zufügen und das Ganze glatt rühren. Zuletzt den Zitronensaft unterrühren. Die Himbeerküchlein mit der Glasur bestreichen und etwa 1 Stunde trocknen lassen.

*Übrigens …*
Die Muffins können alternativ auch mit Erdbeerkonfitüre zubereitet werden.

## Zutaten

**Für die Küchlein**
240 g Mehl
2 TL Backpulver
1 Prise Salz
4 Eier
250 g Zucker
90 g Butter
180 ml Milch
1 Vanilleschote, ausgekratztes Mark
Butter und Mehl für die Förmchen
3 EL Himbeerkonfitüre

**Für die Glasur**
3 EL Butter
1 TL Wasser
3 EL Puderzucker
1 unbehandelte Zitrone, ausgepresst

# Scharfe Pouletschenkel mit Pastasalat

## Zutaten

4 Pculetschenkel

**Für die Marinade**
100 ml Sojasauce
100 ml Ananassaft
3 EL Currypulver
1 TL Cayennepfeffer
4 EL frischer ngwer, fein gehackt
3 Knoblauchzehen, gepresst
1 TL Paprikapulver
Einige Pfefferkörner

**Für den Pastasalat**
120 g Nudeln (Spiralnudeln)
Salz
Einige Tropfen
kaltgepresstes Olivenöl
1 Mango
100 g Joghurt
Weißer Pfeffer
1 mittelgroße Zucchini
2 Frühlingszwiebeln
1 EL Kerbel, fein gehackt

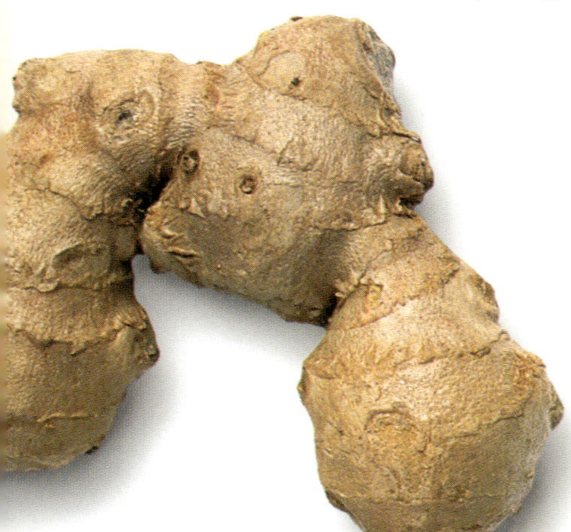

**1** Alle Zutaten für die Marinade mischen. Die Pouletschenkel darin im Kühlschrank 1 Tag marinieren.

**2** Die Nudeln in leichtem Salzwasser mit ein paar Tropfen Olivenöl »al dente« kochen. Unter kaltem Wasser abschrecken, gründlich abtropfen lassen und in eine Schüssel geben. Den Backofen auf 180 °C vorheizen.

**4** Die Zucchini waschen, ungeschält in feine, etwa 5 Zentimeter lange Streifen, die Frühlingszwiebeln in Ringe schneiden. Beide Zutaten etwa 2 Minuten in kochendem Wasser blanchieren, abgießen und zusammen mit dem Kerbel unter den Pastasalat mischen. Eventuell mit Salz nachwürzen.

**5** Die Pouletschenkel aus der Marinade nehmen und gut

**3** Die Mango schälen und das Fruchtfleisch in kleine Würfelchen schneiden. Zusammen mit dem Joghurt zu den Nudeln geben, mit Salz und Pfeffer würzen und gut durchmischen.

abtropfen lassen. Die Pouletschenkel in etwa 20 Minuten knusprig backen und zusammen mit dem Salat anrichten.

***Übrigens …***
Einige Mangoscheiben kann man beiseite legen und beim Servieren als Dekoration verwenden.

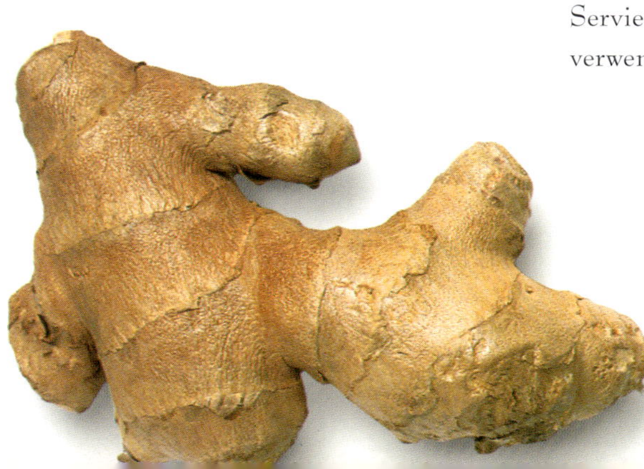

# Ligurischer Osterkuchen mit Spinat und Artischocken

## Zutaten

**Für den Teig**
300 g Mehl
160 g Butter
80 ml Wasser
5 g Salz
200 g getrocknete Erbsen oder Bohnen zum Blindbacken

**Für den Belag**
2 Zwiebeln
4 EL kaltgepresstes Olivenöl
10 frische, sehr junge Artischockenherzen, gekocht
Etwas Öl für die Form
6 Eier
100 g Parmesan
Salz
Schwarzer Pfeffer aus der Mühle
800 g Spinat

**1** Alle Teigzutaten (bis auf die Hülsenfrüchte) verkneten und den Teig dann etwa 1 Stunde abgedeckt kalt stellen. In der Zwischenzeit die Zwiebeln schälen und in dünne Scheiben schneiden. In einem schweren Topf das Olivenöl erhitzen. Die Zwiebeln darin braten, bis sie weich sind. Danach die Artischockenherzen zusammen mit einem Glas Wasser hinzufügen und bei geschlossenem Deckel zart dünsten. Den Backofen auf 180 °C vorheizen.

**2** Eine Springform von 24 Zentimeter Durchmesser mit Öl auspinseln und mit dem zuvor ausgerollten Teig auslegen. Mit einer Gabel den Teig in Abständen von 3 Zentimetern einstechen. Backpapier auf die Kuchenformgröße schneiden, auf den Teig legen und mit den Bohnen oder Erbsen belegen. Den Teig im Backofen in etwa 10 Minuten blind backen und danach die Bohnen oder die Erbsen und das Backpapier entfernen.

**3** Die Eier in einer Schüssel verquirlen, den Parmesan hinzufügen und mit Salz und Pfeffer abschmecken.

**4** Den Spinat gründlich waschen, putzen, kurz blanchieren und grob schneiden. Spinat, Artischocken und Zwiebeln zur Eimischung geben und alles miteinander vermengen. Die Masse auf dem vorgebackenen Teigboden gleichmäßig verteilen und etwa 30 Minuten backen. Den Kuchen nach Belieben heiß oder kalt servieren.

*Übrigens …*
Diese pikante Torte aus Ligurien wird zu Ostern zubereitet, besonders am Ostermontag, dem Pasquetta, einem Tag, an dem viele Italiener traditionell ein Picknick unternehmen.

*Zarten Sommerspinat möglichst schnell verwenden, da er in relativ kurzer Zeit zusammenfällt und welk wird. Muss er jedoch verwahrt werden, dann waschen, locker in ein Geschirrtuch wickeln und im Kühlschrank im Gemüsefach aufheben.*

# Focaccia mit Zwiebeln und Rosmarin

**1** Mehl in eine Schüssel sieben, Salz und Zucker zugeben. Hefe, Öl und Wasser einarbeiten. Sollte der Teig noch zu trocken sein, eventuell etwas mehr Wasser einkneten.

**2** Den Teig auf einer bemehlten Arbeitsfläche etwa 10 Minuten durchkneten, bis er glatt und elastisch ist. In eine gefettete Schüssel legen, mit einem Tuch abdecken, etwa 1 Stunde lang an einem warmen Ort auf das Doppelte aufgehen lassen.

**3** In der Zwischenzeit zwei Springformen von 26 Zentimeter Durchmesser (oder gegebenenfalls zwei Backringe auf einem Backblech) mit Öl auspinseln und den Backofen auf 200 °C vorheizen.

**4** Den Teig halbieren und jede Hälfte zu einem Kreis von 26 Zentimeter Durchmesser ausrollen. In die Formen drücken, mit einem feuchten Geschirrtuch abdecken und erneut etwa 30 Minuten gehen lassen. Danach im Abstand von etwa 2,5 Zentimeter Dellen in den Teig drücken, zudecken und weitere 20 Minuten gehen lassen.

**5** Anschließend mit den Zwiebelringen und dem Rosmarin belegen und mit dem Öl beträufeln. Salz darüber streuen und mit Wasser bespritzen, damit die Kruste nicht zu trocken wird. 25 Minuten backen, dabei nochmals mit Wasser besprenkeln. Zum Schluss auf einem Küchengitter auskühlen lassen.

## Zutaten

**Für 2 Brote von etwa 26 cm Durchmesser**

**Für die Focaccia**

675 g Mehl
1/2 TL Salz
1/2 TL Zucker
1 EL Trockenhefe
4 EL kaltgepresstes Olivenöl
Etwas Fett für die Teigschüssel
450 ml lauwarmes Wasser
Etwas Öl für die Form

**Für den Belag**

2 rote Zwiebeln, feine Ringe
4 Rosmarinzweige, abgezupft
3 EL kaltgepresstes Olivenöl
1 EL grobes Salz

### Extratipp

Dieses pizzaähnliche ligurische Fladenbrot mit der typisch gewellten Oberfläche schmeckt warm vorzüglich zu Suppen oder Ragouts. Anstelle der Zwiebeln kann dieses Brot auch mit Kräutern und Oliven oder mit einer Mischung aus Käse, Oliven und Zwiebeln belegt werden – sogar süße Zutaten sind möglich.

# Oliventarte mit Tomaten

## Zutaten

3 große rote Zwiebeln
8 Knoblauchzehen
60 ml kaltgepresstes Olivenöl
1 Prise Zucker
2 große Tomaten
1 EL frischer Thymian oder Rosmarin
3 EL frische Petersilie
3 EL Frühlingszwiebeln, gehackt
200–250 g schwarze Oliven, entsteint
1 EL in Öl eingelegte Anschovisfilets
1 TL Kapern
1/2 TL abgeriebene Schale
einer unbehandelten Zitrone
Salz
Schwarzer Pfeffer aus der Mühle
1 Tortenboden aus Blätterteig,
24–26 cm ø,
ca. 10 Minuten vorgebacken

**1** Die Zwiebeln schälen, halbieren und in feine Scheiben schneiden. Die Knoblauchzehen schälen und in hauchdünne Scheibchen schneiden.

**2** 2 Esslöffel Olivenöl in einer großen Pfanne sehr stark erhitzen, aber nicht rauchen lassen.

Die Zwiebelscheiben darin etwa 5 Minuten unter ständigem Rühren leicht Farbe annehmen lassen und weich dünsten. Die Zwiebelscheiben während des Dünstens mit einem Löffel oder einer Gabel in Ringe zerteilen.

**3** Wenn die Zwiebeln fast gar sind, das restliche Öl hineingeben sowie den Knoblauch und den Zucker zufügen. Alles etwa 2 Minuten dünsten, bis der Knoblauch weich ist.

**4** Die Tomaten waschen, halbieren, die Kerne und den Stielansatz entfernen und das Fruchtfleisch hacken. Thymian und Petersilie waschen, trockenschütteln und fein hacken. Die Frühlingszwiebeln putzen, in feine Scheiben schneiden.

**5** Die Tomatenstückchen, Thymian, 2 Esslöffel Petersilie und Frühlingszwiebeln in die Pfanne geben. Alles miteinander verrühren, Oliven, Anschovisfilets, Kapern, Zitronenschale und ein wenig Salz beigeben und reichlich mit schwarzem Pfeffer aus der Mühle würzen. Gut verrühren und etwa 3 Minuten kochen lassen.

**6** Die Mischung auf dem vorbereiteten Tarteboden verteilen, mit der restlichen Petersilie bestreuen, in den vorgeheizten Backofen schieben und weitere 10 Minuten bei 160 °C fertig backen.

# Artischockentarte mit Parmesan

**1** Die Artischocken schälen und in mit Zitronensaft gesäuertes Wasser legen, damit sie sich nicht verfärben. Abtropfen lassen, abspülen und in einen Topf geben. Zu gleichen Teilen mit Milch und Wasser bedecken, salzen und aufkochen lassen. Die Hitze reduzieren und die Artischocken in etwa 20 Minuten garen, bis sie weich sind.

**2** Während die Artischocken kochen, den Teig zubereiten. Mehl und Backpulver in eine Schüssel sieben, Frischkäse und Parmesan zugeben und Butter einarbeiten, bis Streusel entstehen. Etwa 1 1/2 Teelöffel kaltes Wasser zugeben, den Teig vorsichtig zu einer Kugel kneten.

**3** Den Teig ausrollen. Eine flache, runde Form mit 24–26 Zentimeter Durchmesser damit auslegen und etwa 20 Minuten ruhen lassen. Den Backofen auf 200 °C vorheizen.

**4** Die gekochten Artischocken in einem Sieb abtropfen und etwa 2 Minuten trocknen lassen. In der Küchenmaschine bei höchster Geschwindigkeit pürieren, bei laufender Maschine die Hälfte der Crème double durch die Einfüllöffnung zugeben. Das Püree abkühlen lassen. Mit Salz und Pfeffer würzen. Bei laufender Maschine dann die Eier sowie die Eigelbe und den Rest der Crème double zugeben. Das Püree durch ein Sieb in einen Topf streichen, beiseite stellen.

**5** Den Teig in der Backform mit einem Stück Backpapier abdecken, mit getrockneten Bohnen beschweren und etwa 10 Minuten blind backen. Die Hitze auf 150 °C zurückstellen. Das Artischockenpüree in den Boden füllen und etwa 50 Minuten backen. Aus dem Backofen nehmen und 3–5 Minuten abkühlen lassen.

**6** Den Küchengrill vorheizen. Die Tarte unter den heißen Grill schieben und bräunen lassen. Dabei immer im Auge behalten, damit sie nicht anbrennt. Zum Servieren in Tortenstücke schneiden und auf vorgewärmte Teller geben. Mit einigen Tropfen Öl beträufeln, großzügig mit dem frisch geriebenen Parmesan bestreuen und pfeffern.

## Zutaten

**Für 10 Portionen**

**Für den Belag**
500 g geputzte Jerusalemartischocken
1 unbehandelte Zitrone, ausgepresst
300 ml Milch
300 ml Wasser
Salz
450 g Crème double
Schwarzer Pfeffer aus der Mühle
3 Eier
2 Eigelbe
Etwas kaltgepresstes Olivenöl
55–85 g Parmesan, am Stück

**Für den Teig**
200 g Mehl
1/2 TL Backpulver
115 g Doppelrahmfrischkäse
3 EL Parmesan, gerieben
75 g Butter
Bohnen zum Blindbacken

# Zitronenbiskuits

## Zutaten

**Für ca. 16 Stück**

**Für den Teig**
Etwas Butter für die Form
140 g Mehl
30 g Puderzucker
110 g weiche Butter

**Für den Belag**
6 Eier
100 g Zucker
2 Tropfen Zitronenaroma
60 ml Zitronensaft
von unbehandelten Zitronen
2 EL Mehl
1/2 TL Backpulver
1/4 TL Salz
Puderzucker zum Bestreuen

*Die Zitronenbiskuit, die gekühlt eine köstliche Sommererfrischung sind, schmecken am besten, wenn man dafür frisch gepressten Zitronensaft verwendet.*

**1** Den Ofen auf 180 °C vorheizen. Eine quadratische Kuchenform (20 x 20 Zentimeter) mit Butter ausfetten. Das Mehl zusammen mit dem Puderzucker in eine Schüssel sieben und alles miteinander vermischen.

**5** Mehl und Backpulver in die Zitronenmischung sieben und das Ganze zusammen mit etwas Salz langsam und gründlich zu einer glatten Creme verrühren. Die Zitronencreme auf den Kuchenboden geben und gleichmäßig verteilen.

**2** Die Butter in kleinen Stücken zur Zucker-Mehl-Mischung geben und das Ganze zu einem Teig verkneten. Diesen in der Kuchenform gleichmäßig verteilen und ihn dabei fest andrücken.

**3** Den Teig auf der mittleren Schiene etwa 15 Minuten backen; dann herausnehmen und die Temperatur auf 150 °C reduzieren.

**4** Für den Belag die Eier in einer großen Schüssel verquirlen. Zucker, Zitronenaroma und Zitronensaft dazugeben und alles schaumig schlagen.

**6** Den Zitronenkuchen auf der mittleren Schiene etwa 25 Minuten backen, bis er leicht gebräunt ist. Den Kuchen abkühlen lassen, vor dem Servieren mit gesiebtem Puderzucker bestreuen und in etwa 5 x 5 Zentimeter große Quadrate schneiden.

***Übrigens ...***
Durch die Zugabe von Eiern werden Gebäck und Kuchen grundsätzlich lockerer. In unseren Rezepten verwenden wir Eier der Größe M.

# Poularden-Tramezzini mit Pinienkernen, Radicchio und Rosinen

**Zutaten**

**Für 3 Sandwiches**

50 g Radicchio
50 g Rosinen
4 EL Pinienkerne
2 EL Mayonnaise
Salz
Schwarzer Pfeffer aus der Mühle
1 Poulardenbrust, gekocht
6 Scheiben Weißbrottoast
30 g Butter

**1** Den Radicchio putzen, waschen, trockenschütteln und in feine Streifen schneiden. Diese zusammen mit den Rosinen, den Pinienkernen und der Mayonnaise gut mischen und mit Salz und Pfeffer würzen. Die Poulardenbrust in feine Streifen schneiden.

**2** Die Toastbrotscheiben zuerst dünn mit Butter, dann mit der Füllung bestreichen, das Fleisch auf die Hälfte der Brotscheiben legen und mit den restlichen Toastscheiben bedecken. Die Brotränder abschneiden und die Sandwiches diagonal durchschneiden.

# Baguette-Sandwich mit Parmaschinken, Roquefort und karamellisierten Birnen

**Zutaten**

100 g Zucker
4 Birnenschnitze
1 Baguette, ca. 30 cm
30 g Butter
6 Blatt Eisbergsalat
100 g Parmaschinken, sehr dünne Scheiben
60 g Roquefort

**1** Den Zucker in einer beschichteten Pfanne ohne Fettzugabe unter ständigem Rühren schmelzen lassen. Die Birnenschnitze darin wenden und abkühlen lassen.

**2** Das Baguette längs aufschneiden und beide Seiten mit der Butter bestreichen. Den unteren Teil mit den zuvor gewaschenen und trockengeschüttelten Salatblättern belegen. Anschließend gleichmäßig den Parmaschinken darauf verteilen.

**3** Den Roquefort leicht zerbröckeln und zusammen mit den Birnenschnitzen auf den Schinken legen. Die obere Brothälfte auflegen und leicht andrücken.

# Gedeckter Apfelkuchen mit Orangensahne

**1** Alle Teigzutaten in einer Küchenmaschine zu einem Teig verarbeiten. Diesen halbieren, eine Hälfte ausrollen. Eine runde, flache Kuchenform von ca. 24 Zentimeter damit auslegen. Den Boden etwa 15 Minuten kühl stellen. Backofen auf 220 °C vorheizen.

**2** Zucker, Salz, Zimt und Nelkenpulver vermischen. Die Äpfel darin wenden. Saft und Schale der Zitrone dazugeben und alles durchmischen. Die Apfelmischung auf dem abgekühlten Boden verteilen. Mit Butterflocken belegen.

**3** Den übrigen Teig etwa 2 Millimeter hoch ausrollen. Mit einer runden Backform als Schablone daraus einen Kreis ausstechen, der die Oberseite und die Seiten des Kuchens bedeckt. Die Ränder des Teigbodens mit Eiweiß bestreichen, den Deckel auf die Füllung setzen. Die Ränder von Deckel und Boden zusammendrücken. Überstehenden Teig entfernen, die Kanten glätten. Mit einer Gabel kleine Löcher in den Teigdeckel stechen.

**4** Deckel mit Blättern oder Rosetten aus Restteig verzieren, mit Eiglasur bestreichen und Zucker bestreuen.

**5** Etwa 10 Minuten backen. Die Temperatur auf 180 °C zurückstellen und den Kuchen weitere 50 Minuten backen,
bis der Teig knusprig goldbraun ist. Auf einem Küchengitter kurz abkühlen lassen und noch warm servieren.

**6** Die Schale der Orangen fein abreiben, die Sahne steif schlagen und mit dem Saft einer Orange mischen. Die Orangensahne zum Kuchen reichen.

## Zutaten

**Für 6–8 Personen**

**Für den Teig**
400 g Mehl
1 TL Backpulver
200 g Zucker
1 Päckchen Vanillezucker
1 Prise Salz
2 Eier
170 g Butter

**Für die Füllung**
185 g granulierter Zucker
Salz
1/2 TL Zimtpulver
1 Messerspitze Nelkenpulver
Etwa 1,5 kg feste Äpfel, geschält, Gehäuse entfernt, Fruchtfleisch in dünne Scheiben geschnitten
1 EL frisch gepresster Zitronensaft einer unbehandelten Zitrone
1 TL geriebene oder fein gehackte Zitronenschale
4 EL Butter, in kleine Stücke geschnitten
1 Eiweiß, leicht geschlagen

**Für die Glasur**
1 Eigelb, mit 2 EL Sahne verquirlt
Etwas granulierter Zucker zum Bestreuen

**Für die Orangensahne**
2 unbehandelte Orangen
250 ml Sahne

# Bruschetta mit marinierten Artischocken und Majoran

## Zutaten

**Für 2 Personen**

2 Scheiben Bruschetta-Brot
6–8 Artischockenherzen
4 EL Olivenöl extra vergine
Saft von 1 Limette
1 Stängel Majoran
1 Stängel glatte Petersilie
60 g Edamer
Salz, schwarzer Pfeffer aus der Mühle
1 EL Paprikapulver

**1** Die Brotscheiben toasten. Die Artischockenherzen in Scheiben schneiden und mit Olivenöl und Limettensaft mischen. Die Kräuter hacken und zugeben.

**2** Den Käse in Streifen schneiden, zu den Artischocken geben und mit Salz, Pfeffer und Paprikapulver würzen.

**3** Die Brotscheiben mit den marinierten Artischocken belegen und unter dem Grill 3 Minuten überbacken.

# Tramezzini mit Hühnchen, Pinienkernen und Sultaninen

## Zutaten

**Für 3 Personen**

50 g Romana
50 g Sultaninen
4 EL Pinienkerne
3 EL Mayonnaise
Salz, frisch gemahlener schwarzer Pfeffer
1 Hähnchenbrust, gekocht
40 g Butter
2 EL Zitronensaft
6 Scheiben Weißbrottoast

**1** Den Romana putzen, waschen und in feine Streifen schneiden. Mit Sultaninen, Pinienkernen und Mayonnaise gut vermengen. Mit Salz und Pfeffer würzen.

**2** Die Hähnchenbrust in feine Streifen schneiden.

**3** Die Butter schaumig rühren und den Zitronensaft gründlich unterziehen.

**4** Die Hälfte der Toastbrotscheiben erst mit der Zitronenbutter bestreichen, dann mit dem Romana belegen und das Hühnerfleisch darauflegen. Mit den restlichen Toastbrotscheiben bedecken.

**5** Die Brotränder abschneiden und die Sandwiches diagonal teilen.

# Clubsandwich mit Tomaten, Ei und gebratenem Speck

## Zutaten

**Für 1 Person**

4 Scheiben Toastbrot
4 Blätter Eisbergsalat
3 EL Mayonnaise
1 Hähnchenbrust, gekocht
2 hart gekochte Eier
1 Tomate
12 Scheiben Salatgurke
1 Scheibe Speck
2 schwarze Oliven
2 grüne Spargelspitzen
1 Stück eingelegte Paprika

**1** Die Brotscheiben toasten. Den Salat in feine Streifen schneiden, mit der Mayonnaise mischen und gleichmäßig auf 3 Brotscheiben verteilen.

**2** Die Hähnchenbrust schräg in dünne Scheiben schneiden. Eier und Tomate ebenfalls in Scheiben schneiden. Alles gleichmäßig auf den 3 Broten verteilen, die geschälte und in Scheiben geschnittene Gurke ebenfalls.

**3** Diese belegten Toasts aufeinander schichten, mit der vierten Scheibe bedecken und leicht zusammendrücken.

**4** Den Speck knusprig braten und das Sandwich damit sowie mit Oliven, Spargelspitzen und Paprika hübsch garnieren. Diagonal in 2 Dreiecke schneiden und mit Zahnstochern fixieren.

# Coppa-di-Parma-Sandwich mit Lauch

**1** Den Lauch gründlich putzen, waschen und danach in feine Ringe schneiden.

**2** Im Öl bei schwacher Hitze 5 Minuten dünsten, mit dem Weißwein ablöschen und mit Thymian, Salz und Pfeffer würzen.

**3** Das Baguette längs aufschneiden, beide Seiten mit der Butter bestreichen und das Lauchgemüse auf dem Boden verteilen.

**4** Die Coppa in feine Scheiben schneiden und auf den Baguetteboden legen.

**5** Den Deckel aufsetzen, leicht andrücken und schräg in Portionen teilen.

## Zutaten

**Für 2 bis 3 Personen**

250 g Lauch
1 EL Olivenöl
1 EL Weißwein
getrockneter Thymian
Salz, frisch gemahlener Pfeffer
1 Baguette
40 g Butter
140 g Coppa di Parma

# Spezialitäten vom Grill

All seine Freunde einladen, den Tisch im Schatten der Bäume festlich decken, Lampions aufhängen, gemeinsam lachen, Spaß haben und natürlich grillen. Chilipoularden mit Pfirsichchutney, Lammchops mit Gemüsesauce, Entrecote mit Cabernet-Sauvignon-Sauce oder Schwertfisch auf mediterraner Gemüsevinaigrette – wer kann dazu schon nein sagen. Dazu verschiedene frische Salate, wie Sie sie im nächsten Kapitel finden –, und das Grillfest ist perfekt.

Die in Chili marinierten Poulardenbrüste harmonieren gut mit einem süßen Chutney.

# Chilipoularde mit Pfirsichchutney

## Zutaten

4 Poulardenbrüste

**Für die Marinade**

8 EL Sonnenblumenöl
1 unbehandelte Zitrone, ausgepresst
2 TL Chilipulver

**Für das Chutney**

500 g Pfirsiche
2 unbehandelte Orangen, ausgepresst und Schale abgerieben
4 EL Weißweinessig
1 Zwiebel, fein gehackt
2 EL frischer Ingwer, fein gehackt
Schwarzer Pfeffer aus der Mühle

***Beilagentipp***

*Ein Tomaten-Mozzarella-Salat mit Basilikum (Rezept Seite 95) rundet dieses Grillgericht geschmacklich hervorragend ab.*

**1** Alle Zutaten der Marinade miteinander verrühren und die Poulardenbrüste darin etwa 2 Stunden einlegen.

**2** Für das Chutney die Pfirsiche waschen, halbieren, den Kern entfernen und das Fruchtfleisch klein schneiden. Die fein geriebene Schale und den Saft der Orangen zusammen mit dem Weißweinessig, der fein gehackten Zwiebel und dem Ingwer untermengen und in einen kleinen Topf geben. Mit Pfeffer abschmecken. Bei geringer Hitze zu einem Chutney einkochen.

**3** Wenn das Chutney fertig ist, die Poularden aus der Marinade nehmen, gründlich abtropfen lassen und grillen. Zusammen mit dem Chutney auf Tellern anrichten.

# Seeteufel auf Ratatouille

## Zutaten

12 Seeteufe medaillons à ca. 50 g

**Für die Marinade**
8 EL Olivenöl
2 Limonen, Saft
1 Thymianzweig, fein gehackt
2 Zweige glatte Petersilie, fein gehackt

**Für das Ratatouille**
2 Zucchini
1 Aubergine
je 1 rote und gelbe Paprika
2 Tomaten
1 Zwiebel, fein gehackt
1 Knoblauchzehe, gepresst
4 EL Olivenöl
2 Thymianzweige, fein gehackt
8 EL Fleischbrühe
Salz
Schwarzer Pfeffer aus der Mühle
1 Baguette
5 EL Olivenöl

**1** Für die Marinade sämtliche Zutaten in einer Schüssel vermischen und den Seeteufel darin etwa 2 Stunden einlegen.

**2** Für das Ratatouille die Zucchini und die Aubergine waschen, trockentupfen und in kleine Würfel schneiden.

**3** Die Paprika waschen, halbieren, entkernen und klein schneiden. Die Tomaten vom Stielansatz befreien und ebenfalls klein schneiden.

**4** Die Zwiebel und den Knoblauch im Olivenöl andünsten, die restlichen Gemüse und den Thymian zufügen.

**5** Die Brühe dazugießen und das Ratatouille etwa 20 Minuten bei schwacher Hitze kochen lassen. Danach mit Salz und Pfeffer abschmecken.

**6** Das Baguette in Scheiben schneiden, im Olivenöl wenden und knusprig grillen.

**7** Die Seeteufelmedaillons aus der Marinade nehmen, gründlich abtropfen lassen und grillen.

**8** Abschließend den Fisch auf dem Ratatouille anrichten und die Baguettescheiben dazu reichen.

# Lachssteaks vom Grill mit Zitrusvinaigrette

**1** Für die Zitrusvinaigrette die Orangen, Grapefruits und die Zitrone schälen und die Fruchtfilets auslösen. Den dabei austretenden Saft in einer Schüssel auffangen.

**3** Die Lachsfilets mit dem Olivenöl einpinseln, mit Salz und Pfeffer würzen und von beiden Seiten rosa grillen. Zusammen mit der Zitrusvinaigrette servieren.

**2** Die Fruchtfilets in kleine Würfel schneiden und mit den restlichen Zutaten in die Schüssel geben, dann mit Salz und Pfeffer würzen.

***Übrigens ...***
Eine Vinaigrette sollte immer frisch zubereitet serviert werden. Im Kühlschrank aufbewahrt, verliert sie rasch an Geschmack.

## Zutaten

**Für die Vinaigrette**
2 unbehandelte Orangen
2 rosa Grapefruits
1 unbehandelte Zitrone
16 EL kaltgepresstes Olivenöl
2 rote Zwiebeln, fein gehackt
2 TL Estragon, fein gehackt
3 TL frischer Koriander, fein gehackt
Salz
Schwarzer Pfeffer aus der Mühle

**Für den Fisch**
4 Lachssteaks à ca. 150–200 g, ohne Haut und Gräten
3 EL kaltgepresstes Olivenöl
Salz
Schwarzer Pfeffer aus der Mühle

***Beilagentipp***
*Ein Gurken-Mango-Salat passt hervorragend zu diesen delikaten Lachsfilets. Dazu 1 Salatgurke längs halbieren, die Kerne auskratzen, das Fleisch in feine Scheiben schneiden und in eine Schüssel geben. 1 Mango schälen, halbieren, den Kern entfernen, das Fruchtfleisch in Scheiben schneiden und zur Gurke geben. Den Saft von 1 Zitrone und 5 Esslöffel Olivenöl zufügen, alles gut vermengen und abschließend mit Salz und Pfeffer abschmecken.*

# Lammchops mit Gemüsesauce

## Zutaten

12–16 Lammchops mit Knochen

**Für die Marinade**

2 Knoblauchzehen
1/2 Bund Thymian
1 unbehandelte Zitrone, ausgepresst
1 Rosmarinzweig
8 EL kaltgepresstes Olivenöl

**Für die Sauce**

1/2 kleine Zucchini, klein gewürfelt
1/2 rote Paprika, klein gewürfelt
1 kleine Aubergine, klein gewürfelt
1 Zwiebel, fein gehackt
1 Knoblauchzehe, gepresst
4 EL kaltgepresstes Olivenöl
2 EL Tomatenmark
150 ml Fleischbrühe
5 EL Sahne
Salz
Schwarzer Pfeffer aus der Mühle

**1** Die Knoblauchzehen schälen und durch die Presse drücken. Den Thymian gründlich waschen, trockenschütteln, abzupfen und fein hacken. Die Zitrone auspressen.

**2** Sämtliche Zutaten für die Marinade in eine Schüssel geben und vermengen. Die Lammchops etwa 2 Stunden in der Marinade einlegen.

**3** Für die Gemüsesauce das Gemüse zusammen mit der Zwiebel und dem Knoblauch im Olivenöl andünsten.

**4** Das Tomatenmark zu der Öl-Gemüse-Mischung geben, gut umrühren und die Brühe und die Sahne dazugießen.

**5** Etwa 10 Minuten bei schwacher Hitze kochen lassen. Mit dem Stabmixer grob pürieren und die Sauce mit Salz und Pfeffer würzen.

**6** Die Lammchops aus der Marinade nehmen und abtropfen lassen. Das Fleisch mit Pfeffer würzen und auf beiden Seiten knusprig grillen. Abschließend auf der Sauce anrichten.

***Beilagentipps***

*Gut schmecken zu diesen Lammchops auch gegrillte Avocadostreifen. Dazu 1 Avocado halbieren, den Kern entfernen, das Fruchtfleisch in dicke Streifen schneiden, mit Olivenöl bestreichen und grillen.*

*Auch ein Couscous passt sehr gut:*
*Dazu 120 Gramm Couscous in ein Sieb geben und über Dampf ausquellen lassen. In einer Schüssel 3 Esslöffel Olivenöl, 1 gepresste Knoblauchzehe, Paprika- und Gurkenwürfel und den Saft von 1 Zitrone gut verrühren sowie mit Salz und Pfeffer abschmecken.*

# Entrecote mit Cabernet-Sauvignon-Sauce

## Zutaten

4 Entrecotes à ca. 150 g

**Für die Marinade**

8 EL Sonnenblumenöl
1 Rosmarinzweig, fein gehackt
1/2 Bund Majoran, fein gehackt
1 unbehandelte Zitrone, ausgepresst
Schwarzer Pfeffer aus der Mühle

**Für die Beilagen**

4 Kartoffeln
8 Frühlingszwiebeln
2 El kaltgepresstes Olivenöl
Salz
Schwarzer Pfeffer aus der Mühle

**Für die Sauce**

3 EL Rohzucker
200 g Kirschen, entsteint
200 ml Cabernet Sauvignon (Rotwein)
100 ml Fleischbrühe
100 ml Fleischsauce (dunkle Bratensauce)
Salz
Schwarzer Pfeffer aus der Mühle

**1** Für die Marinade sämtliche Zutaten vermischen und die Entrecotes mindestens 2 Stunden darin einlegen.

**2** Die Kartoffeln schälen, gründlich abbrausen und in etwa 5 Millimeter dicke Scheiben schneiden. Die Frühlingszwiebeln putzen, 3–4 Minuten in kochendem Wasser blanchieren, kalt abschrecken und abtropfen lassen.

**3** Die Kartoffelscheiben und die Frühlingszwiebeln mit Olivenöl bepinseln und auf dem Grill garen.

**4** Für die Sauce den Zucker in einer beschichteten Pfanne ohne Fettzugabe hellbraun karamellisieren, die Kirschen zufügen und darin wenden.

**5** Den Cabernet Sauvignon, die Brühe und die Fleischsauce zugeben und die Mischung bei geringer Hitze zu einer leichten Sauce einkochen. Diese zum Schluss mit Salz und Pfeffer abschmecken.

**6** Die Entrecotes aus der Marinade nehmen, gut abtropfen lassen und auf dem Grill unter Wenden auf den gewünschten Punkt garen. Danach mit den abgeschmeckten Beilagen anrichten und mit der Sauce umgießen.

# Barbecue-Lammrücken mit Tomaten-Zwiebel-Salat

**1** Am Tag vor dem Grillen den Lammrücken rundum mit Salz und Limonensaft einreiben. Anschließend 2–3 Stunden bei Zimmertemperatur einziehen lassen.

**2** In einer Schüssel, die groß genug für das Fleisch ist, den Joghurt mit den Gewürzen mischen. Den Knoblauch schälen, zerdrücken und zum Joghurt geben.

**3** Die Mischung aus Joghurt und Gewürzen in das Lammfleisch reiben und über Nacht einwirken lassen.

**4** Am nächsten Tag den Grill anheizen und währenddessen den Salat zubereiten: Den Friséesalat putzen, die Zwiebeln abziehen und in feine Ringe schneiden. Die Tomaten blanchieren, häuten und in feine Scheiben schneiden. Zusammen mit gehacktem Koriander und Petersilie, Zitronensaft, Olivenöl und Zucker in einer großen Schüssel vermischen und mit reichlich Pfeffer bestäuben.

**5** Möglichst viel von der Marinade mit Küchenpapier vom Lamm abtupfen. Wenn man die Marinade nicht entfernt, verbrennt die Kruste und wird bitter.

**6** Das Lamm auf jeder Seite 4–5 Minuten grillen, so dass eine braune Kruste entsteht. Das Fleisch sollte in der Mitte blutig bis rosa sein. Dann 6–8 Minuten ruhen lassen. Anschließend diagonal in 1 Zentimeter dicke Scheiben schneiden.

**7** Die Scheiben auf vorgewärmten Tellern servieren und den Salat extra dazu reichen.

## Zutaten

**Für 6 Personen**

800–1000 g Lammrücken

**Für die Marinade**

Salz
1 unbehandelte Limone
200 mg Naturjoghurt
1/2 TL gemahlener Koriander
1/2 TL gemahlener Kreuzkümmel
1/2 TL Chilipulver
1/4 TL gemahlener Ingwer
1/4 TL Garam Masala
1 EL Rosmarin, fein gehackt
4 Knoblauchzehen

**Für den Salat**

1/2 Friséesalat
2 große rote Zwiebeln, in feine Ringe geschnitten
4 reife Eiertomaten
1 EL Koriander
2 EL glatte Petersilie
2 unbehandelte Zitronen, Saft
40 ml kaltgepresstes Olivenöl
1/2 TL Zucker
Schwarzer Pfeffer aus der Mühle

# Mariniertes Hühnerbrustfilet mit Zitrone und Oregano

## Zutaten

4 Hühnerbrustfilets
100 ml kaltgepresstes Olivenöl
2 kleine Knoblauchzehen
1 TL Oreganoblätter, fein gehackt
1/2 TL Thymianblätter, fein gehackt
1 EL Honig
1/2 TL abgeriebene Schale einer unbehandelten Zitrone
Salz
Schwarzer Pfeffer aus der Mühle
Etwas kaltgepresstes Olivenöl
10 schwarze Oliven, grob gehackt
4 Schnitze einer unbehandelten Zitrone

**1** Einige Stunden vor dem Grillen die Hühnerbrustfilets in einer Plastiktüte auf einer festen Unterfläche mit einem Metzgerhammer oder einem anderen geeigneten Gegenstand etwa 1 Zentimeter flach klopfen. Danach auf einen Teller legen.

**2** Das Olivenöl in ein flaches Gefäß gießen. Die Knoblauchzehen schälen und mit der flachen Seite eines Messers zerdrücken.

**3** Den Knoblauch mit Kräutern, Honig, Zitronenschale, etwas Salz und Pfeffer zu dem Öl geben und gut verrühren.

**4** Die Hühnerbrustfilets in der Marinade wenden. Mit Klarsichtfolie bedeckt bei Zimmertemperatur 2-3 Stunden marinieren. Einen Standgrill vorheizen.

**5** Möglichst viel von der Marinade von den Hühnerbrustfilets mit Küchenpapier abtupfen.

**6** Das Hühnerfleisch auf einer Seite 2–3 Minuten anbraten und garen, dann wenden und die andere Seite ebenfalls 2–3 Minuten anbraten und schonend bei sanfter Hitze garen.

**7** Die Hühnerbrustfilets auf vorgewärmten Tellern mit Olivenöl beträufeln, mit den gehackten Oliven bestreuen und mit jeweils einem Zitronenschnitz am Tellerrand servieren.

### Extratipp

Reis oder eine einfache Pasta passen hervorragend zu diesen geschmorten Hühnerbrustfilets.

# Schwertfisch auf mediterraner Gemüsevinaigrette

**1** Für die Vinaigrette Staudensellerie, Fenchel, Aubergine, Zucchini und Paprika putzen und ebenso wie die Oliven würfeln. Alles zusammen in eine Schüssel geben.

**2** Die Tomaten oben kreuzweise einritzen, für etwa 15 Sekunden in kochendes Wasser tauchen und kalt abschrecken. Anschließend häuten, den Strunk herausschneiden, halbieren und die Kerne entfernen. In kleine Würfelchen schneiden und zusammen mit der Brühe und dem Olivenöl in die Schüssel geben und gut vermengen.

**3** Die Kartoffeln schälen, abbrausen, ebenfalls in kleine Würfelchen schneiden und in gesalzenem Wasser weich kochen.

**4** Die Zitronen auspressen und den Majoran fein hacken. Die Kartoffeln mit dem Zitronensaft und dem Majoran zum Gemüse geben.

**5** Die Chicoréestangen längs halbieren, mit Olivenöl bestreichen und bei sanfter Glut grillen, bis sie zart gebräunt sind.

**6** Die Schwertfischtranchen mit dem Olivenöl einpinseln und auf dem heißen Grill von beiden Seiten gar grillen. Den Fisch beim Grillen nach Geschmack mit Salz und Pfeffer würzen.

**7** Die lauwarme Vinaigrette auf Tellern ausgießen, die Schwertfischfilets darauf setzen und mit den gegrillten Chicoréehälften garnieren.

## Zutaten

**Für die Vinaigrette**

1/2 Stange Staudensellerie
1/2 Fenchel
1 kleine Aubergine
1 kleine Zucchini
1 kleine rote Paprika
4 schwarze Oliven, entsteint
4 grüne Oliven, entsteint
2 Tomaten
100 ml kräftige Fleischbrühe
100 ml kaltgepresstes Olivenöl
2 große Kartoffeln
Salz
2 unbehandelte Zitronen
1/2 Bund Majoran

**Für die Beilage**

4 kleine weiße Chicorées
2 EL kaltgepresstes Olivenöl

**Für den Fisch**

4 Schwertfischtranchen à 120 g
3 EL kaltgepresstes Olivenöl
Salz
Schwarzer Pfeffer aus der Mühle

# Gegrillter Rotbarsch auf grünem Papayasalat

**Zutaten**

**Für 4 Personen**

600–800 g Rotbarschfilet

**Für die Marinade**

4 Frühlingszwiebeln
1 Jalapeño-Chilischote
(oder einfache Chilischote)
1/2 Bund Koriander
2 EL Erdnussöl

2 EL Fischsauce
1 TL Sojasauce

**Für den Salat**

1 grüne Papaya
1 Möhre
1/2 rote Zwiebel
1 Jalapeño-Chilischote
1 EL Fischsauce
2 EL Reisessig
Saft von 1 Limette
etwas Zucker
1/2 Bund Koriander
2 EL gehackte Erdnüsse

**1** Die Frühlingszwieben putzen und in feine Ringe schneiden. Die Chilischote halbieren, entkernen und hacken, die Korianderblätter ebenfalls hacken.

**2** Erdnussöl, Fisch- und Sojasauce verrühren und mit Zwiebeln, Chilischote und Koriander vermischen. Eine Hälfte davon als Dip zurückbehalten, in der anderen Hälfte die Fischfilets 30 Minuten marinieren.

**3** Für den Salat die Papaya mit Schale fein hobeln und die Möhre schälen und raspeln. Die Zwiebel abziehen und in Scheiben schneiden, die Chilischoten halbieren, entkernen und in feine Streifen schneiden.

**4** Die so vorbereiteten Zutaten mit Fischsauce, Reisessig, Limettensaft und Zucker anmachen und mit gehacktem Koriander und den Erdnüssen bestreuen.

**5** Die Fischfilets auf jeder Seite in etwa 4 Minuten über einem Holzkohlegrill garen. Vor dem Wenden nochmals gründlich mit der Marinade bestreichen.

**6** Den Fisch mit dem Papayasalat portionsweise auf Tellern anrichten. Die zurückbehaltene Sauce getrennt dazureichen.

# Gegrillter Thunfisch mit Olivendressing

## Zutaten

**Für 4 Personen**

800 g frischer Thunfisch
3 Knoblauchzehen
Schale von 1 unbehandelten Zitrone
8 EL Olivenöl
Salz, frisch gemahlener schwarzer Pfeffer
4 Sardellenfilets (nach Belieben)
100 g Oliven
1 Bund Petersilie
2 EL Weißweinessig
4 Zitronenspalten
Petersilienblättchen zum Garnieren

**1** Den Thunfisch in etwa. 2 Zentimeter große Stücke zerteilen. 2 Knoblauchzehen abziehen und zerdrücken. Die Schale der Zitrone mit dem Gemüseschäler in langen Streifen dünn abschälen, ohne dabei die Frucht zu verletzen.

**2** Aus der Zitronenschale, 2 Esslöffeln Olivenöl, Knoblauch, Salz und Pfeffer eine Marinade herstellen und den Thunfisch 2 Stunden oder über Nacht darin ziehen lassen.

**3** Die Sardellenfilets 10 Minuten in kaltes Wasser legen, anschließend trockentupfen und mit einer Gabel zerdrücken. Die Oliven entsteinen und fein hacken, den restlichen Knoblauch abziehen und klein würfeln. Die Petersilienblättchen abbrausen, abzupfen und hacken. Die so vorbereiteten Zutaten mit Weißweinessig, dem Saft einer Zitrone und dem restlichen Olivenöl vermischen. Mit Salz, Pfeffer und gegebenenfalls etwas Zitronensaft abschmecken.

**4** Die Thunfischstücke auf Spieße stecken und etwa 5 bis 6 Minuten auf einem Holzkohlegrill rösten, bis das Fleisch durchgegart, aber noch saftig ist. Die Spieße dabei alle 2 Minuten umdrehen.

**5** Die Thunfischwürfel von den Spießen ziehen und vorsichtig mit dem Olivendressing vermischen. Mit Zitronenspalten und Petersilienblättchen garnieren und warm servieren.

# Gegrillte Miesmuscheln mit Chili-Vinaigrette

**1** Für die Vinaigrette Essig mit Zucker aufkochen und wieder abkühlen lassen.

**2** Die Chilischoten vom Stielansatz befreien, halbieren, entkernen und in feine Streifen schneiden. Die Schalotten abziehen und fein hacken. Die Gurke würfeln.

**3** Diese Zutaten mit Limettensaft, Fischsauce, Öl und fein gehackten Korianderblättchen in den Essig geben und zu einer Sauce verrühren.

**4** Die Muscheln unter fließend kaltem Wasser abbürsten, auf den heißen Rost eines Holzkohlegrills legen, mit einer umgedrehten Pfanne zudecken und etwa 5 bis 6 Minuten garen, bis sich sämtliche Schalen geöffnet haben. Je nach Größe des Grills müssen die Muscheln eventuell in zwei Portionen nacheinander gegart werden.

**5** Die Vinaigrette als Dip getrennt zu den Muscheln reichen.

## Zutaten

**Für 4 Personen**

125 ml Branntweinessig
85 g feiner Zucker
1 kleine rote Chilischote
1 kleine grüne Chilischote
2 Schalotten
1 Stück (5 cm) Gurke
2 1/2 EL Limettensaft
2 EL Fischsauce
2 EL Öl
1 EL Korianderblättchen
2 kg Miesmuscheln

# Salatvariationen

Ob mittags oder abends – ein leichter Salat passt immer. Knackig und stets frisch kommt er zu dieser Zeit des Jahres auf den Tisch. Sei es nun fangfrisch aus dem Meer, bei einem Reissalat mit gebratenen Shrimps und Kaiserschoten, mariniertem Krebsfleisch mit Papayasalat oder erntefrisch vom Feld bei einem bunten Romana-Salat, einem Zuckerschotensalat mit Mandel-Orangen-Vinaigrette oder einem Obstsalat mit Gorgonzola an Himbeer-Orangen-Dressing – neben dem Gaumen hat auch das Auge seine helle Freude.

Licht und leicht wie die Salate in diesem Kapitel.

# Reissalat mit gebratenen Shrimps und Kaiserschoten

## Zutaten

**Für 6 bis 8 Personen**

1 große Möhre
1 kleine Zwiebel
750 g kleine Shrimps
einige Stängel Petersilie
3 EL Rotweinessig
Salz
125 g weißer Langkornreis
170 g Zuckerschoten oder Erbsen
(frisch oder tiefgefroren)
60 g Pinienkerne
125 g gekochter Schinken
4 Frühlingszwiebeln
5 EL Olivenöl extra vergine
Saft von 1 Zitrone
3 EL frisch gehackte Petersilie
frisch geriebene Muskatnuss
frisch gemahlener schwarzer Pfeffer

**EXTRATIPP**

Die Shrimps sollten auf keinen Fall zu lange gekocht werden, da sie sonst hart werden.

**1** Die Möhre schälen und achteln. Die Zwiebel abziehen und halbieren. Die Shrimps schälen, der Länge nach halbieren und die Darmfäden entfernen.

**2** Die Möhre und die Zwiebel mit der Petersilie und dem Essig in einen Topf geben und so viel kaltes Wasser angießen, dass später auch die Shrimps bedeckt sind. Das Wasser aufkochen und 15 Minuten das Gemüse bei schwacher Hitze ziehen lassen. 2 Teelöffel Salz hinzufügen, die Shrimps hineingeben und den Topf zudecken. Bei starker Hitze etwa 1 bis 1 1/2 Minuten garen, bis sich die Shrimps rosa färben. Dann abgießen und zur Seite stellen.

**3** In der Zwischenzeit den Reis mit etwas Salz in etwa 12 Minuten bei schwacher Hitze bissfest garen.

**4** Die Zuckerschoten oder die Erbsen in kochendem Wasser 1 Minute blanchieren und abtropfen lassen. Die Pinienkerne in einer Pfanne ohne Fett leicht anrösten. Den Schinken in Würfel und die Frühlingszwiebeln mit dem Grün in feine Ringe schneiden.

**5** Den Reis abgießen, mit kaltem Wasser abschrecken, abtropfen lassen und in eine Schüssel füllen. Das Olivenöl über den noch warmen Reis gießen und etwas durchmischen. Durch die Wärme entfaltet das Olivenöl sein Aroma besonders gut. Den Zitronensaft hinzufügen und noch einmal gründlich durchmischen.

**6** Zum Schluss alle vorbereiteten Zutaten untermengen, mit Petersilie, Muskatnuss, Salz und Pfeffer pikant abschmecken und den Salat lauwarm servieren.

# Hähnchensalat mit Paprika, Mais und Koriander

**1** Das Öl in einer Pfanne erhitzen. Die Hähnchenbrüste in die Pfanne geben und auf jeder Seite 6 Minuten braten, bis sie schön braun und gar sind. Das Fleisch herausnehmen und in Alufolie eingepackt ruhen lassen.

**2** Mit dem Gemüseschäler lange Streifen von den geputzten Möhren herunterschälen und für etwa 30 Minuten in kaltes Wasser legen, bis sie knackig sind. Die Maiskölbchen klein schneiden.

**3** Den Spargel schälen, die unteren Enden abschneiden, in 2 Zentimeter lange Stücke schneiden und in kochendem Wasser zusammen mit dem Mais 8 Minuten blanchieren. Abschrecken und abtropfen lassen. Die Zuckerschoten ebenfalls bissfest blanchieren und in Streifen schneiden.

**4** Die Paprikaschote vom Stielansatz und den Kernen sowie den Zwischenhäuten befreien, in dünne Ringe schneiden. Die Maiskölbchen abtropfen lassen. Die Zwiebel abziehen und in feine Ringe schneiden.

**5** Für das Dressing die Knoblauchzehen abziehen und durchpressen, die Koriander- und Minzeblätter in feine Streifen schneiden und die Chilischoten hacken. Mit Öl, Zitronenschale, Limettensaft, Fischsauce und Zucker gründlich verrühren.

**6** Das Fleisch in Scheiben schneiden, mit dem Gemüse und den Sprossen vermischen und unmittelbar vor dem Servieren mit dem Dressing übergießen.

## Zutaten

**Für 6 Personen**

2 EL Pflanzenöl
4 Hähnchenbrüste, ohne Knochen und Haut
2 Möhren
6 kleine Maiskolben
250 g grüner und weißer Spargel
250 g Zuckerschoten
1 rote Paprika
1 Zwiebel
2 Knoblauchzehen
1/2 Bund Koriander
1 Bund Minze
2 Chilischoten
120 ml Pflanzenöl
1 TL abgeriebene Zitronenschale
80 ml Limettensaft
2 EL thailändische Fischsauce
1 EL Zucker
150 g Sojasprossen

# Romana-Salat mit Shrimps, Paprika, Tomaten und Oliven

## Zutaten

**Für 6 Personen**

3 Knoblauchzehen
3–4 EL Rotweinessig
130 ml Olivenöl extra vergine
Salz, frisch gemahlener schwarzer Pfeffer

375 g kleine Kartoffeln
375 g grüne Bohnen
1 Zwiebel
1 rote Paprika
1 gelbe Paprika
4 Tomaten
2 Eier
1 mittelgroßer Kopf Romana-Salat
300 g Shrimps in Kräutermarinade
100 g gemischte Oliven
3 EL gemischte Kräuter, z. B. Thymian, Petersilie, Basilikum, Kerbel, Estragon und Schnittlauch

**1** Den Knoblauch abziehen, fein hacken, in einer Schüssel mit dem Essig vermischen und nach und nach 100 ml Olivenöl unterrühren. Mit Salz und Pfeffer würzen und die Sauce zur Seite stellen.

**2** Die Kartoffeln 10 bis 15 Minuten in Salzwasser garen, abgießen und abkühlen lassen. Anschließend schälen und in dünne Scheiben schneiden. Die Bohnen abfädeln und 4 bis 6 Minuten in Salzwasser garen. Unter fließendem kaltem Wasser abschrecken und in mundgerechte Stücke für den Salat zerteilen.

**3** Die Zwiebel abziehen und in feine Ringe schneiden. Die Paprikaschoten vom Stielansatz befreien, entkernen und ebenfalls in dünne Ringe schneiden. Die Tomaten in Spalten zerteilen und entkernen. Die Eier hart kochen, pellen und vierteln.

**4** Den Salat waschen, trockenschleudern und die Blätter in mundgerechte Stücke reißen.

**5** Die Salatzutaten in eine große Glasschüssel schichten: zuerst die Salatblätter, dann die Kartoffelscheiben, die Bohnen, die Zwiebel- und Paprikaringe, die Tomaten, die Shrimps, die Oliven und die Eier. Zum Schluss die Kräuter hacken und darüber streuen. Unmittelbar vor dem Servieren die restliche Vinaigrette darüber gießen, noch einmal mit Salz und Pfeffer abschmecken und den Salat ganz vorsichtig durchmischen.

# Obstsalat mit Gorgonzola an Himbeer-Orangen-Dressing

## Zutaten

**Für 2 bis 4 Personen**

1 Mango, in Streifen
1 Papaya
2 Nektarinen
1/2 Wassermelone
1/2 Honigmelone, in Kugeln
1 Bund Koriander
frisch gemahlener schwarzer Pfeffer
2 EL Oliven- oder Walnussöl
200 ml frisch gepresster Orangensaft
Saft 1/2 Zitrone
1 EL grobkörniger Senf
150 g Gorgonzola oder anderer milder Blauschimmelkäse
100 g Himbeeren
100 g Heidelbeeren
50 g Walnusskerne

**1** Die Früchte schälen, entkernen und das Fruchtfleisch in mundgerechte Stücke schneiden, sofern nichts anderes in der Zutatenliste vermerkt ist.

**2** Die Korianderblätter abzupfen, mit den Früchten vermischen und mit Pfeffer würzen.

**3** Olivenöl, Orangen- sowie Zitronensaft und Senf verrühren. Das Dressing anschließend über die Früchte gießen.

**4** Den zerkrümelten Käse, die Himbeeren, die Heidelbeeren und die Walnüsse darüber streuen und sofort servieren.

# Mariniertes Krebsfleisch mit Papayasalat

**1** Reisessig, Dashi und Zucker aufkochen. Die Flüssigkeit von der Kochstelle nehmen, abkühlen lassen und den Ingwersaft unterrühren.

**2** Papaya, Rettich und Möhre schälen. Die Papaya der Länge nach vierteln und die Kerne herauskratzen. Papaya, Rettich und Möhre mit einer Mandoline oder mit dem Kartoffelschäler in lange, dünne Streifen schneiden.

**3** Die Streifen in eine Schüssel geben und mit dem Salz bestreuen. 5 bis 10 Minuten ziehen lassen und dann vorsichtig durchmischen.

**4** Die Gemüsestreifen aus der Schüssel nehmen, die Flüssigkeit dabei mit der Hand etwas ausdrücken und das Gemüse zum Abtropfen auf Küchenpapier legen.

**5** Die Schüssel trockenreiben, die Gemüsestreifen wieder hineingeben und gründlich mit der Marinade übergießen. Das Gemüse danach 1 Stunde ziehen lassen und dabei gelegentlich durchmischen.

**6** Den Salat auf vier Schalen verteilen, das Krebsfleisch darüber verteilen und jeweils mit 1 Esslöffel Marinade beträufeln.

## Zutaten

**Für 4 Personen**

**Für die Marinade**
3 EL japanischer Reisessig
6 g Dashi (getrocknete Fischflocken, Asialaden)
2 TL feiner Zucker
1/2 TL Ingwersaft (frischer Ingwer durch die Knoblauchpresse gedrückt)

**Für den Salat**
1 grüne Papaya (ca. 300 g)
1 weißer Rettich (ca. 300 g)
1 große Möhre (ca. 300 g)
1 TL Salz
400 g gekochtes, weißes Krebsfleisch

# Shrimp-Fisch-Muschel-Salat

## Zutaten

**Für 6 Personen**

12 große Shrimps
450 g Tintenfische
2 geschuppte Rotbarbenfilets
9 EL Olivenöl extra vergine
Salz, frisch gemahlener schwarzer Pfeffer
20 Miesmuscheln
150 ml trockener Weißwein
2 Stangen Staudensellerie

1/2 Bund glatte Petersilie
1 Limettenblatt
1 kleine rote Chilischote
1 Schalotte
Saft von 1 Limette
250 g gemischte Salatblätter
Balsamico-Essig

**1** Die Shrimps schälen, am Rücken der Länge nach aufschneiden, und die Darmfäden entfernen. Die Schalen aufheben. Die Tintenfische säubern, das Fleisch außen rautenförmig einschneiden und die Fangarme in je 4 Stücke zerteilen. Die Rotbarbenfilets in mundgerechte Stücke schneiden.

**2** Shrimps, Tintenfische und Filetstücke in einer Schüssel mit 4 Esslöffeln Olivenöl, Salz und Pfeffer vermischen.

**3** Die Miesmuscheln abbürsten und die Bärte entfernen. Den Wein in einen ausreichend großen Topf (die Muscheln müssen nebeneinander Platz haben) gießen, die Muscheln dazugeben und aufkochen. Den Topf schütteln, zudecken und die Muscheln etwa 2 Minuten bei starker Hitze kochen, bis sich die Schalen geöffnet haben. Den Topf dabei von Zeit zu Zeit rütteln. Die Muscheln über einem zweiten Topf in ein Sieb abgießen und ungeöffnete Exemplare wegwerfen.

**4** In der Zwischenzeit den Sellerie putzen und hacken.

**5** Die Schalen und Köpfe der Shrimps, Petersilie, Sellerie und Limettenblatt in die Muschelflüssigkeit geben und aufkochen. Bei schwacher Hitze in 20 Minuten auf etwa 2 bis 3 Esslöffel Flüssigkeit einkochen. Die Sauce durch ein Sieb passieren.

**6** Während die Sauce kocht, die Miesmuscheln öffnen. Eine Schalenhälfte abbrechen und wegwerfen, die andere am Fleisch belassen.

**7** Die Chilischote und die Schalotte sehr fein würfeln, mit der Hälfte des restlichen Olivenöls und dem Limettensaft in die Sauce geben und mit Salz und Pfeffer würzen.

**8** Die Salatblätter waschen und mit dem restlichen Olivenöl, etwas Balsamico-Essig und Pfeffer anmachen.

**9** Eine Grillpfanne sehr heiß werden lassen. Shrimps, Tintenfische und Fischstücke kurz darin anbraten, dabei einmal wenden. Die heißen Meeresfrüchte in das Chilidressing geben und gut durchmischen.

**10** Die Salatblätter auf Tellern anrichten, die gegrillten Meeresfrüchte darauf verteilen und die Miesmuscheln rundherum anordnen.

# Tomatensalat mit geschmortem Fenchel und Oliven

### Zutaten

**Für 4 Personen**

**Für den Salat**

4 junge Fenchelknollen
2 rote Zwiebeln
4 Eiertomaten
3 EL Olivenöl extra vergine
2 EL Oreganoblätter
Mangold- oder Salatblätter
100 g kleine Oliven

**Für das Dressing**

1 Knoblauchzehe
3 EL Cidre-Essig
2 TL Dijon-Senf
2 EL Olivenöl extra vergine

**1** Den Backofen auf 200 °C (Gas Stufe 3–4) vorheizen. Die Fenchelknollen putzen und in Spalten schneiden. Die Zwiebeln schälen, achteln, die abgebrausten Tomaten halbieren und den Stielansatz entfernen. Das Gemüse in einer Auflaufform verteilen.

**2** Das Öl bei schwacher Hitze in einer kleinen Pfanne erhitzen. Den Oregano dazugeben und 3 Minuten mit erhitzen. Das Öl über das Gemüse gießen und die Form für 15 Minuten in den Backofen stellen.

**3** Für das Dressing die Knoblauchzehe schälen, zerdrücken und mit dem Essig, dem Senf und dem Öl verrühren.

**4** Das Gemüse auf je einem Teller mit einem Bett aus Mangold oder Blattsalat anrichten, die Oliven darüber streuen und das Ganze mit dem Dressing übergießen. Der Salat eignet sich als Vorspeise oder als Beilage zu gegrilltem Fleisch oder Fisch.

# Zuckerschotensalat mit Mandel-Orangen-Vinaigrette

### Zutaten

**Für 4 Personen**

500 g Zuckerschoten
Salz
5 EL Mandelblättchen
6–8 Minze- oder Basilikumblätter
frisch gemahlener schwarzer Pfeffer
2 1/2 EL Olivenöl extra vergine
5 EL frisch gepresster Orangensaft

**1** Die Zuckerschoten abfädeln und 1 1/2 Minuten in kochendem Salzwasser blanchieren. Danach abgießen, sofort in kaltem Wasser abschrecken und anschließend abtropfen lassen.

**2** Die Mandeln in einer Pfanne ohne Fett leicht anrösten. Die Minze- oder die Basilikumblätter in kleine Stücke reißen.

**3** Die Zuckerschoten in eine Salatschüssel geben und mit Pfeffer würzen. Mandeln, Öl, Orangensaft und Minze oder Basilikum hinzufügen, alles gut durchmischen und sofort servieren.

# Tomaten-Brot-Salat mit Schalotten

**1** Das Brot schräg in dünne Scheiben schneiden und diese nochmals halbieren. Im Backofen bei 200 °C (Gas Stufe 3–4) knusprig rösten und mit Salz und etwas Olivenöl beträufeln.

**2** Die Tomaten auf der Unterseite kreuzweise einschneiden, vom Stielansatz befreien und kurz in kochendem Wasser blanchieren. Sofort kalt abschrecken, häuten, vierteln und filetieren.

**3** Für die Vinaigrette die Schalotten abziehen und in Ringe, die Basilikumblätter in feine Streifen schneiden. Den Knoblauch schälen, in feine Scheibchen schneiden und in etwas Olivenöl goldgelb rösten.

**4** Essig, Sonnenblumenöl und 10 Esslöffel Olivenöl zugeben und mit Salz und Pfeffer würzen.

**5** Den Kopfsalat putzen, waschen, trockenschleudern und die Blätter auf Tellern auslegen.

**6** Die Tomatenfilets mit dem Dressing anmachen, die Brotstücke unterheben, auf dem Salat anrichten und sofort servieren.

## Zutaten

**Für 4 Personen**

1 Baguette
Salz
16 EL Olivenöl
10 Tomaten
2 Schalotten
1 Bund Basilikum
4 Knoblauchzehen
16 EL Rotweinessig
16 EL Sonnenblumenöl
frisch gemahlener schwarzer Pfeffer
1 Kopfsalat

# Pilzsalat mit Zitronen-Knoblauch-Dressing

## Zutaten

450 g große Wiesenchampignons
2 unbehandelte Zitronen
150 ml kaltgepresstes Olivenöl
4 Knoblauchzehen
2 Lorbeerblätter
1 Thymianzweig
4 scharfe rote Chilischoten
10 scharfe Pfefferkörner
Salz
1 große Hand voll glatte Petersilie

**1** Einen Tag, bevor man die Pilze servieren möchte, diese mit einem feuchten Tuch säubern, die Stängel abschneiden und die Köpfe schälen (Stängel und Schale für eine Brühe oder eine Suppe verwenden).

**2** Von 1 unbehandelten Zitrone den Saft auspressen und die Schale abreiben, 3 Knoblauchzehen schälen und fein hacken.

**3** Die Pilze mit den Köpfen nach unten 5–6 Minuten grillen, bis Flüssigkeit austritt und sich an der Stelle sammelt, wo vorher der Stängel in den Kopf überging. Wenden und 1 weitere Minute grillen. Vom Grill nehmen, mit Küchenpapier trockentupfen und in eine Glas- oder Porzellanschüssel legen.

**4** Olivenöl zusammen mit Knoblauch, Saft und Rinde der Zitrone, Lorbeerblättern, Thymian, roten Chilischoten und Pfefferkörnern in eine Pfanne geben und etwa 5 Minuten sanft bei geringer Hitze kochen lassen. Die Marinade noch warm durch ein feines Sieb über die Pilze gießen. Die Pilze in der Marinade abkühlen lassen und über Nacht in den Kühlschrank stellen.

**5** Kurz vor dem Servieren die Pilze in der Marinade wenden und mit Salz bestreuen.

**6** Die Schale von der zweiten Zitrone abreiben. Die letzte Knoblauchzehe zerdrücken und fein hacken.

**7** Die Petersilie waschen, trockenschütteln, die Blätter abzupfen, fein hacken und mit dem Knoblauch und der Zitronenschale mischen. Diese Mischung über den Pilzsalat streuen und kühl stellen.

*Selbst Zuchtchampignons können ein feines Aroma entwickeln, wenn man sie in eine Marinade einlegt. Ohne eine besondere Behandlung haben sie jedoch kaum Eigenaroma. In diesem Rezept werden die großen offenen Wiesenchampignons verwendet. Vor dem Marinieren grillt man sie, um überflüssiges Wasser zu entfernen. Das verstärkt das Aroma und gibt ihnen mehr Biss.*

# Couscoussalat mit Tomaten und Koriander

## Zutaten

100 g Couscous
4 Blatt Pfefferminze, fein gehackt
2 EL Koriander, fein gehackt
3 Fleischtomaten
1 rote Paprika
100 g Salatgurke
1 Eisbergsalat
1 unbehandelte Zitrone, ausgepresst
50 ml kaltgepresstes Olivenöl
Salz
Schwarzer Pfeffer aus der Mühle

**1** Den Couscousgrieß unter fließendem kaltem Wasser gut durchspülen, dann in ein Sieb füllen und über Dampf aufquellen lassen, bis das Korn weich ist. In eine Schüssel geben und die Pfefferminze und den Koriander zufügen.

**2** Die Tomaten in kochendes Wasser eintauchen, kalt abschrecken, die Haut abziehen, halbieren und die Tomaten halbieren. Die Kerne entfernen und den Strunk herausschneiden. Die Tomaten würfeln und zum Couscous geben.

**3** Die Paprika waschen, halbieren, von den Kernen befreien und in Würfel schneiden. Die Gurke schälen und das Fruchtfleisch ebenfalls klein würfeln.

**4** Den Eisbergsalat putzen, in mundgerechte Stücke teilen, waschen, trockenschleudern und zusammen mit den Paprika- und Gurkenwürfeln in die Schüssel geben.

**5** Den Schüsselinhalt mit dem Zitronensaft und dem Olivenöl übergießen, gut durchmengen und mit Salz und Pfeffer abschmecken. Je nach Saugfähigkeit des Couscous' eventuell mehr Öl und Zitronensaft beimischen.

# Tomaten-Mozzarella-Salat mit Basilikum

1 Die Tomaten waschen und in Scheiben schneiden. Für den Salat nur reife, aromatische Tomaten verwenden.

2 Den Mozzarella ebenfalls in Scheiben schneiden und abwechselnd mit den Tomaten dachziegelartig auf Tellern oder einer Platte anrichten. Mit Salz und Pfeffer würzen.

3 Das Basilikum waschen, trockenschütteln, die Blätter von den Stielen zupfen und in feine Streifen schneiden. Diese Streifen über die Tomaten und den Mozzarella streuen. Den Salat abschließend mit dem Olivenöl und dem Aceto balsamico gründlich beträufeln. Je nach Geschmack eventuell noch salzen und pfeffern.

**Zutaten**

6 vollreife Tomaten
280 g Mozzarella
Salz
Schwarzer Pfeffer aus der Mühle
1–2 Bund Basilikum
8–10 EL kaltgepresstes Olivenöl
8–10 TL Aceto balsamico

# Lattichsalat mit Senf-Knoblauch-Sauce

1 Für das Dressing die Sardellenfilets mit dem Salz bestreuen, fein hacken, zusammen mit Knoblauch, Eigelb und Senf in eine Schüssel geben und schaumig rühren.

2 Den Saft der Limone, die Worcestershire-Sauce und das Olivenöl zufügen und alles mit Pfeffer würzen. Den Salat putzen, in 1 Zentimeter breite Streifen schneiden, waschen und trockenschleudern.

3 Die Toastscheiben in kleine Würfel schneiden und diese zusammen mit dem Knoblauch im Olivenöl goldgelb backen. Danach die Croûtons auf einem Küchenpapier abtropfen lassen.

4 Die Sauce in 4 Schalen verteilen, den Salat einfüllen und die Croûtons darüber streuen. Je nach Belieben den Salat zum Schluss mit Parmesanhobeln bestreuen.

**Zutaten**

**Für die Sauce**
2 Sardellenfilets
1/4 TL Salz
2 Knoblauchzehen, gepresst
1 Eigelb
1 TL Senf
1 unbehandelte Limone, ausgepresst
2 EL Worcestershiresauce
100 ml kaltgepresstes Olivenöl
Schwarzer Pfeffer aus der Mühle

200 g Lattichsalat

**Für die Croûtons**
4 Toast- oder Weißbrotscheiben
1 Knoblauchzehe, gepresst
20 ml kaltgepresstes Olivenöl

30 g Parmesan, am Stück

# Krevettensalat mit Fenchel und Sellerie in Limonendressing

## Zutaten

**Für die Krevetten**

16 Riesenkrevetten, ohne Schale und Darm
Salz
Schwarzer Pfeffer aus der Mühle
3 EL kaltgepresstes Olivenöl

**Für den Salat**

1 Fenchelknolle
1 Stange Sellerie
3 unbehandelte Limonen, ausgepresst
50 ml kaltgepresstes Olivenöl

1 Bund Basilikum
Salz
Schwarzer Pfeffer aus der Mühle
8 Kirschtomaten
1/2 Kopf Friséesalat
30 g Rucola
Basilikumblätter zum Garnieren

**1** Die Krevetten mit Salz und Pfeffer würzen und im heißen Olivenöl anbraten. Aus der Pfanne nehmen, längs halbieren und in eine Schüssel geben.

**2** Fenchel und Selleriestange putzen und in feine Streifen schneiden. Zusammen mit dem Saft der Limonen und dem Olivenöl zu den Krevetten geben.

**3** Basilikumblätter in feine Streifen schneiden und zu den Krevetten geben. Mit Salz und Pfeffer pikant würzen. Die Kirschtomaten waschen, halbieren und unter den Salat mengen.

**4** Den Friséesalat putzen, in mundgerechte Teile zupfen und auf Tellern auslegen. Den Rucola putzen und auf dem Friséesalat verteilen. Den Krevettensalat darauf anrichten und mit Basilikumblättern garnieren.

*Übrigens …*
Eine Limetten-Mayonnaise passt ebenfalls zu diesem Salat. Hierfür 2 Eigelbe mit 1 Teelöffel Senf und 1 Prise Salz verrühren. 1/4 Liter Sonnenblumenöl beim Rühren zugeben. 1 Esslöffel Limettensaft und eine Prise Zucker unterrühren.

# Antipasti

Die Natur deckt im Sommer den Tisch mit einer immensen Vielfalt und Pracht. Und schon bei den Entrees scheinen der Fantasie und den Zutaten in der Küche kaum Grenzen gesetzt zu sein. Nicht nur Tortilla mit gerösteten Paprika und Pecorino, Ricottaröllchen mit Walnüssen und Schnittlauch oder ein Knoblauch-Focaccia mit Ziegenkäse und Oliven legen davon Zeugnis ab. Farbenfroh präsentieren sich auch Gerichte wie gebackene Küchlein mit Ziegenkäse und Basilikum, ein kaltes Auberginengemüse mit Oliven und Pinienkernen oder Quesadillas mit Hummer und Mango-Mojo.

Sonnengereifte Oliven, die das Knoblauch-Focaccia mit Ziegenkäse schmücken.

# Muscheln im Chardonnay-Sud

## Zutaten

**Für 4 bis 6 Personen**

2 kg Miesmuscheln mit Schalen
1 Zitrone
2 Knoblauchzehen
4 EL Olivenöl extra vergine
4 EL Rotweinessig
150 ml Chardonnay
100 ml Fischfond
1 TL Paprikapulver edelsüß
1 TL Rosenpaprika
2 EL frisch gehackte Petersilie
Salz

**1** Die Muscheln unter fließend kaltem Wasser abbürsten, von den Bärten befreien.

**2** Die Zitrone schälen, das Fruchtfleisch grob würfeln. Den Knoblauch abziehen und fein würfeln.

**3** Öl, Essig, Weißwein und Fischfond in einen großen Kochtopf gießen. Paprika, Zitronenstücke, Knoblauch und Petersilie dazugeben und mit Salz würzen. Einmal aufkochen und dann 1 Minute bei schwacher Hitze ziehen lassen. Die Muscheln in den Topf geben, abdecken und 3 bis 4 Minuten kochen, bis sich die Schalen geöffnet haben.

**4** Die Muscheln mit der Kochflüssigkeit in eine tiefe Schale geben; ungeöffnete Exemplare dabei aussortieren und wegwerfen. Bei Zimmertemperatur abkühlen lassen und vor dem Servieren 2 bis 4 Stunden in den Kühlschrank stellen.

# Ricottaröllchen mit Walnüssen und Schnittlauch

## Zutaten

**Für 6 Personen**

200 g Ricotta
2 Eigelb
25 g Walnusshälften
50 g Emmentaler
abgeriebene Schale von
1 unbehandelten Zitrone
1/4 TL frisch geriebene Muskatnuss
1/2 TL gemahlener Zimt
2 EL Schnittlauchröllchen
Salz, frisch gemahlener schwarzer Pfeffer
12 Platten Filo-Teig
1 EL Erdnuss- oder Pflanzenöl

**1** Den Backofen auf 225 °C (Gas Stufe 4–5) vorheizen. Den Ricotta und die Eigelbe in einer Schüssel mit einer Gabel zerdrücken. Die Nüsse grob hacken, den Emmentaler reiben und mit dem Ricotta vermischen. Zitronenschale, Muskat, Zimt und Schnittlauchröllchen hinzufügen. Mit Salz und Pfeffer würzen und gründlich vermengen.

**2** Jedes Teigblatt an der breiten Stirnseite mit etwas Käsecreme füllen. Die Seiten einschlagen und zum spitzen Ende hin aufrollen, so dass Zylinder von 4 Zentimeter Länge entstehen.

**3** Ein Backblech dünn mit Öl bestreichen und die Röllchen mit genügendem Abstand darauf verteilen. Den Teig mit dem restlichen Öl bepinseln, die Röllchen in 18 bis 20 Minuten goldbraun und knusprig backen und noch heiß servieren.

# Hähnchenflügel mit Erdnuss-Tamarinden-Sauce

**1** Das Kurkumapulver mit 1/2 Teelöffel Salz vermischen, die Hähnchenflügel damit einreiben und 1/2 Stunde bei Zimmertemperatur ruhen lassen, damit sie das Aroma der Gewürze annehmen. Die Chilischoten in eine Schüssel geben, mit kochendem Wasser übergießen und 15 Minuten weichen lassen.

**2** In der Zwischenzeit das Tamarindenmark mit 2 Esslöffeln Wasser in einer kleinen Schüssel mit den Fingern zerreiben und mit einem Kochlöffel durch ein feines Sieb in eine zweite Schüssel streichen. Den Tamarindensaft zur Seite stellen, das Mark wegwerfen.

**3** Die Erdnüsse in einer Küchenmaschine fein mahlen. Die Chilischoten abgießen, mit den Kernen grob hacken und pürieren. Die Galantwurzel schälen. Die äußeren Häutchen des Zitronengrases entfernen und den Stängel in feine Ringe schneiden. Die Zwiebeln abziehen und würfeln. Galant, Zitronengras und Zwiebeln in einer Küchenmaschine zerkleinern.

**4** Danach 7 Esslöffel Öl im Wok oder in einer Pfanne erhitzen und nacheinander jeweils 4 bis 6 Hähnchenflügel darin knusprig braten, abtropfen lassen und warm halten.

**5** Während die letzten Hähnchenflügel garen, das Chilipüree 30 Sekunden unter Rühren in 3 Esslöffeln Öl bei mittlerer Hitze anbraten. Die Galantmischung zugeben und alles weitere 30 Sekunden braten. Den Tamarindensaft, 2 Esslöffel Wasser, Erdnüsse und Honig hinzufügen und aufkochen lassen. Die Wärmezufuhr verringern, 2 bis 3 Minuten kochen lassen und mit Salz abschmecken.

**6** Die Sauce zum Dippen auf vier Schälchen verteilen, das Fleisch separat reichen.

## Zutaten

**Für 4 Personen**

1 TL gemahlene Kurkuma
Salz
16 Hähnchenflügel
8 g getrocknete rote Chilischoten
1 EL Tamarindenmark
150 g geröstete Erdnusskerne
1 Stück (6 mm) Galantwurzel
1 Stängel Zitronengras
4 rote Zwiebeln
10 EL Sonnenblumenöl
3 EL Honig

# Knoblauch-Focaccia mit Ziegenkäse und Oliven

## Zutaten

**Für 6 Personen**

1 Päckchen (7 g) Trockenhefe
30 g Vollkornweizenmehl
9 EL Olivenöl extra vergine
400 g Weizenmehl
3/4 TL Salz

5 Knoblauchzehen
Salz, frisch gemahlener Pfeffer
200 g gemischte Oliven ohne Kern
100 g Ziegenkäse

**1** Für den Teig die Hefe in einer Schüssel mit 4 Esslöffeln lauwarmem Wasser und dem Vollkornweizenmehl vermischen. 10 Minuten gehen lassen. 3 Esslöffel Olivenöl, Mehl, Salz und 100 Milliliter Wasser dazugeben und gründlich vermengen.

**2** Den Teig auf einer bemehlten Arbeitsfläche 10 Minuten kneten. In eine Schüssel legen, mit etwas Öl bestreichen und zugedeckt 1 Stunde bei Zimmertemperatur gehen lassen.

**3** Den Backofen auf 230 °C (Gas Stufe 5) vorheizen. Backblech mit Mehl bestäuben und auf der untersten Schiene im Backofen heiß werden lassen.

**4** Die Knoblauchzehen abziehen und 4 Zehen in hauchdünne Scheibchen schneiden. Den Teig halbieren und auf der bemehlten Arbeitsfläche zu zwei 20 Zentimeter großen und 1 Zentimeter dicken Fladen ausrollen. Die Knoblauchscheibchen auf den Teig streuen und etwas hineindrücken. Die Fladen auf das heiße Backblech gleiten lassen, in 8 bis 10 Minuten goldbraun und knusprig backen und anschließend auf einem Kuchengitter auskühlen lassen.

**5** Den restlichen Knoblauch fein hacken. Das restliche Öl mit gehacktem Knoblauch, Salz und Pfeffer verrühren. Klein geschnittene Oliven und zerbröckelten Ziegenkäse mit der Vinaigrette anmachen und bei Zimmertemperatur durchziehen lassen.

**6** Die Fladen mit der Olivenmischung bestreuen und 1 bis 2 Minuten unter den Backofengrill schieben, bis sich eine goldbraune Kruste gebildet hat.

# Geflügelkroketten

## Zutaten

**Für 4 Personen**

2 Hähnchenbrustfilets (etwa 150 g)
1 EL Olivenöl
Salz, weißer Pfeffer
1 Knoblauchzehe
2 EL Butter
2 EL Mehl und Mehl zum Panieren
1/4 l Milch
Saft 1/2 Zitrone
frisch geriebene Muskatnuss
3 Eier
1/2 Bund Thymian
1/2 Bund Petersilie
200 g Paniermehl
Öl zum Ausbacken

**1** Die Hähnchenbrustfilets in dem Olivenöl bei mittlerer Hitze etwa 10 Minuten leicht knusprig braten, salzen und pfeffern. Den Knoblauch abziehen und gleichmäßig über das Fleisch pressen. Die Hähnchenbrust danach gut abkühlen lassen.

**2** Die Butter in einem Topf zerlassen, 2 Esslöffel Mehl einstreuen und goldgelb werden lassen. Die Milch langsam dazugießen, dabei ständig mit einem Schneebesen rühren, damit keine Klümpchen entstehen. Die Sauce in etwa 3 Minuten sämig einkochen lassen.

**3** Das Fleisch fein zerhacken und unter die Sauce rühren. Mit Salz, Pfeffer, Zitronensaft und Muskat kräftig würzen. Die Masse abgekühlt für etwa 30 Minuten in den Kühlschrank stellen.

**4** Aus der Masse mit bemehlten Händen 16 Kroketten formen. Die Eier in einem Teller mit der Hälfte der gehackten Kräuter verquirlen, jeweils Mehl und Paniermehl mit der anderen Hälfte vermengen und auf zwei weitere Teller geben. Die Kroketten erst in Mehl, dann in Ei und Paniermehl wälzen.

**5** In einer Pfanne mit hohem Rand Öl erhitzen und die Kroketten portionsweise in 3 bis 4 Minuten darin goldgelb ausbacken. Auf Küchenpapier abtropfen lassen. Heiß oder auch kalt servieren.

***Variante***
*Alternativ kann man auch Schinken, Stockfisch oder Lammfleisch verwenden.*

# Feta mit gerösteten Tomaten

**Zutaten**

**Für 4 Personen**

300 g Feta aus Ziegenmilch
2 Knoblauchzehen
100 ml Olivenöl extra vergine
2 Zweige Rosmarin
2 Zweige Thymian
2 Lorbeerblätter
50 g frische, gemischte und gehackte Kräuter z. B. Basilikum, Thymian, Petersilie, Oregano und Salbei
500 g reife Eiertomaten
Salz, frisch gemahlener schwarzer Pfeffer

**1** Den Käse in 4 gleich große Stücke zerteilen. Die Knoblauchzehen abziehen, in feine Scheiben schneiden, mit Öl, Rosmarin, Thymian und Lorbeerblättern vermischen, über den Käse geben und 2 bis 3 Tage kühl marinieren.

**2** Den Backofen auf 250 °C (Gas Stufe 6) vorheizen. Die Hälfte der Kräuter in einem flachen Bräter verteilen. Die Stielansätze der Tomaten herausschneiden und die Tomaten halbieren. Die Tomatenhälften mit der Schnittfläche nach oben in den Bräter setzen und mit 1/4 Teelöffel Salz, etwas frisch gemahlenem Pfeffer und den restlichen Kräutern bestreuen. 15 Minuten rösten, die Temperatur auf 150 °C (Gas Stufe 1) verringern und die Tomaten 2 Stunden garen; abkühlen lassen.

**3** Je 2 oder 3 Tomatenhälften mit einer Scheibe Käse auf Tellern anrichten und mit der Marinade (ohne die Kräuter) beträufeln. Mit etwas Pfeffer bestreuen und mit knusprigem Brot servieren.

# Perlzwiebeln in Sherryessig mit Thymian

**Zutaten**

**Für 4 bis 6 Personen**

500 g Perlzwiebeln oder Schalotten
6 EL Olivenöl
140 ml Sherryessig
1 Nelke, 1 getrocknete Chilischote
1 TL frische, gehackte Thymiannadeln
1 Lorbeerblatt
1 TL schwarze Pfefferkörner
1 TL Salz, Zucker

**1** Die Perlzwiebeln schälen. Das Öl in einem Topf erhitzen und die Perlzwiebeln darin goldgelb braten.

**2** Den Sherryessig und 1/4 Liter Wasser dazugießen. Nelke, Chilischote, Thymian, Lorbeerblatt, Pfefferkörner, Salz und Zucker hinzufügen.

**3** Die Zwiebeln zugedeckt bei mittlerer Hitze etwa 30 Minuten garen. Im Sud abkühlen lassen.

*Tipp*
*Die Perlzwiebeln schmecken als Tapa, aber auch als Beilage zu gegrilltem Fleisch oder Wild hervorragend.*

# Gebackene Küchlein mit Ziegenkäse und Basilikum

## Zutaten

**Für 6 Personen**

**Für den Teig**
200 g Butter
300 g Mehl
1/4 TL Salz

**Für die Füllung**
100 g Mozzarella
150 g Ziegenkäse
100 g Ricotta oder anderer Frischkäse
3 EL geriebener Parmesan
2 Eigelb
2 EL gehackte Petersilie
1/2 Bund frische,
gehackte Basilikumblätter
2 EL Mehl
3–4 EL Crème fraîche
Salz
frisch gemahlener schwarzer Pfeffer

**1** Die Butter in 1 Zentimeter große Würfel zerteilen und diese 1 Stunde kühlen. Das Mehl ebenfalls 1 Stunde kalt stellen.

**2** Das Mehl mit dem Salz auf eine Arbeitsfläche sieben. Die Butter mit einem Teigschaber mit dem Mehl vermengen.

**3** In der Mitte eine Mulde formen, 40 Milliliter Eiswasser hineingeben und einarbeiten. Nochmals dieselbe Menge Wasser hinzufügen und den Vorgang wiederholen. Den Teig dann zu einer Kugel formen.

**4** Den Teig auf einer gut bemehlten Arbeitsfläche zu einem 35 Zentimeter großen Kreis ausrollen. Die Ränder begradigen, den Teig auf ein Backblech legen und in den Kühlschrank stellen.

**5** Den Backofen auf 175 °C (Gas Stufe 2–3) vorheizen. In der Zwischenzeit den Mozzarella würfeln und mit den anderen Käsesorten, Eigelben, der Petersilie, dem Basilikum, Mehl und der Crème fraîche gründlich vermengen. Mit Salz und Pfeffer würzen.

**6** Den Teig mit der Käsemasse bestreichen, dabei einen 6 Zentimeter breiten Rand lassen und über die Käsemasse schlagen (in der Mitte ist der Käse nicht mit Teig bedeckt).

**7** Die Küchlein 35 bis 40 Minuten goldbraun backen. 5 Minuten abkühlen lassen und auf einer Platte anrichten.

# Kaltes Auberginengemüse mit Oliven und Pinienkernen

## Zutaten

**Für 6 Personen**

1 kg kleine Auberginen
6 EL Olivenöl extra vergine
2 Zwiebeln
1 Knoblauchzehe
1 kleine rote Paprika
375 g reife Tomaten oder Tomaten aus der Dose
100 g Fenchel oder Staudensellerie
30 g Kapern
6 grüne Oliven
4 EL Rotweinessig
2 EL Zucker
Salz, frisch gemahlener schwarzer Pfeffer
30 g Pinienkerne
4 EL frisch gehacktes Basilikum

**1** Die Auberginen schälen und das Fruchtfleisch in 1 Zentimeter große Würfel schneiden. In 4 Esslöffeln Olivenöl bei mittlerer Hitze etwa 10 Minuten anbraten, bis sie weich sind und Farbe angenommen haben. In eine Schüssel umfüllen und zur Seite stellen.

**2** Die Zwiebeln und den Knoblauch abziehen und klein würfeln. Die Paprika waschen, von Stielansatz und weißen Zwischenwänden befreien und fein hacken. Die Tomaten blanchieren, häuten, entkernen und ebenfalls hacken. Den Fenchel putzen und klein schneiden. Die Kapern abtropfen lassen. Die Oliven entsteinen und vierteln.

**3** Das restliche Öl bei mittlerer Hitze erwärmen. Zwiebeln, Fenchel oder Sellerie und gehackte Paprika hineingeben und etwa 5 Minuten garen. Den Knoblauch hinzufügen und 1 Minute mitdünsten. Tomaten, Essig, Zucker und die angebratenen Auberginenwürfel dazugeben und mit Salz und Pfeffer würzen. Das Ganze aufkochen und anschließend bei geöffnetem Topf etwa 10 Minuten bei schwacher Hitze kochen lassen; dabei laufend gut umrühren.

**4** Die Kapern und die Oliven untermischen und das Gemüse weitere 15 Minuten garen, bis die Auberginen sehr weich sind. Nochmals abschmecken, die Pinienkerne und das Basilikum unterrühren und erwärmen.

**5** Das Auberginengemüse vor dem Servieren auf Zimmertemperatur abkühlen lassen. In einem verschlossenen Behälter ist es im Kühlschrank 2 Wochen haltbar.

### Extratipp

Sie können das Gemüse auch konservieren, indem Sie die heiße Mischung in sterilisierte Schraubgläser abfüllen. Die Gläser luftdicht verschließen und 25 Minuten im kochenden Wasserbad erhitzen. Anschließend prüfen, ob die Gläser gut verschlossen sind. So kann es dann bis zu 1 Jahr an einem kühlen Ort gelagert werden.

# Knoblauchgarnelen

**1** Die Garnelen aus den Schalen lösen, am Rücken aufschneiden und den Darmfaden entfernen. Kalt abspülen und trockentupfen.

**2** Die Chilischoten halbieren, entkernen, waschen, ausspülen und in feine Ringe schneiden. (Getrocknete Chilischoten zerdrücken.) Die Knoblauchzehen abziehen und längs vierteln.

**3** Das Olivenöl in einer großen Pfanne oder vier Portionspfännchen stark erhitzen. Chilischoten, Knoblauch und Garnelen hineingeben, leicht salzen und pfeffern und 2 bis 3 Minuten bei starker Hitze garen.

**4** Die Knoblauchgarnelen sofort im Förmchen servieren. Dazu frisches Weißbrot reichen.

***Tipp***

*Als Getränk eignet sich ein trockener Sherry Fino oder Manzanilla sehr gut.*

### Zutaten

**Für 4 Personen**

500 g rohe Garnelen, ungeschält
2 frische oder getrocknete rote Chilischoten
6–8 Knoblauchzehen
200 ml Olivenöl
Salz, frisch gemahlener schwarzer Pfeffer

# Frittierte Zwiebelringe

**1** Die Zwiebeln abziehen und in Ringe schneiden. 1 Stunde im Olivenöl an einem kühlen Ort marinieren. Die Buttermilch zugeben und eine weitere Stunde ziehen lassen.

**2** Das Mehl mit den Gewürzen vermischen. In einem Frittiertopf das Öl erhitzen.

**3** Die Zwiebelringe aus der Marinade nehmen, in einem Sieb abtropfen lassen und in der Mehlmischung wenden.

**4** Danach 2 bis 3 Minuten portionsweise im heißen Öl goldbraun frittieren und auf Küchenpapier abtropfen lassen.

### Zutaten

**Für 6 Personen**

2 rote Zwiebeln
4 EL Olivenöl extra vergine
6 EL Buttermilch, 100 g Mehl
2 EL zerstoßener roter Pfeffer
1 TL Cayennepfeffer
2 TL Paprikapulver rosenscharf
4 TL schwarzer Pfeffer
Öl zum Frittieren

# Tortilla mit gerösteten Paprika und Pecorino

## Zutaten

**Für 6 Personen**

1 rote Paprika
1 gelbe Paprika
1 grüne Paprika
2 Knoblauchzehen

3 EL Olivenöl extra vergine
2 TL Balsamico-Essig
1/4 TL frischer Oregano
Salz, frisch gemahlener schwarzer Pfeffer
8 Eier
3 EL Milch
4 EL geriebener Pecorino oder Parmesan
2 EL frisch gehackte Petersilie
etwas frischer Oregano

**1** Die Paprikaschoten vierteln, entkernen und mit der Hautseite nach oben auf ein Backblech legen. Unter einem Backofengrill rösten, bis die Schale dunkel wird und Blasen wirft. Die Schoten herausnehmen, in einen Plastikbeutel verpacken oder in Alufolie wickeln und 15 Minuten ruhen lassen.

**2** Den Knoblauch abziehen und fein würfeln. Die Schale der Paprikaschoten mit den Fingern abziehen und das Fleisch in feine Streifen schneiden.

**3** Mit Knoblauch, 1 Esslöffel Olivenöl, Essig und Oregano vermischen und mit Salz und Pfeffer würzen. Die Paprikaschoten etwa 1/2 Stunde ziehen lassen.

**4** Die Eier mit Milch, Käse und Petersilie schaumig schlagen. Die Paprikastreifen mit der Marinade dazugeben, alles gründlich durchmischen und nochmals mit Salz und Pfeffer abschmecken.

**5** Den Backofen auf 200 °C (Gas Stufe 3–4) vorheizen. Das restliche Öl bei starker Hitze in einer beschichteten, feuerfesten Pfanne von 25 Zentimeter Durchmesser erhitzen. Die Eiermischung hineingießen und 7 bis 8 Minuten bei mittlerer Hitze garen, bis die Eiermasse am Boden gestockt, oben aber noch flüssig ist. Die Ränder von Zeit zu Zeit anheben, damit das flüssige Ei nach unten laufen kann.

**6** Die Pfanne in den Ofen stellen und das Omelett 6 bis 7 Minuten backen, bis es fest und goldbraun ist.

**7** Das Omelett aus dem Ofen nehmen und mit einem Pfannenwender vom Boden lösen. Die Pfanne mit einem Teller zudecken, umdrehen und das Omelett auf den Teller stürzen. Wie einen Kuchen aufschneiden und heiß oder lauwarm mit frischem Oregano garniert servieren.

# Frittata mit Kräutern

## Zutaten

**Für 4 Personen**

6 Eier
gemischte Kräuter wie Kerbel, Schnittlauch, Basilikum oder Estragon und glatte Petersilie
2 EL Sahne
2 EL frisch geriebener Parmesan
1 TL Salz
1/2 TL frisch gemahlener schwarzer Pfeffer
200 g Kürbisfleisch
1 große rote Zwiebel
1 Knoblauchzehe
1 EL Olivenöl extra vergine
1 EL Butter

**1** Die Eier in eine Schüssel geben und leicht verquirlen. Die Kräuter abbrausen, abzupfen, hacken und unter die Eimasse geben. Mit der Sahne und dem Käse verrühren und mit Salz und Pfeffer würzen. Das Ganze noch einmal kräftig aufschlagen und zur Seite stellen.

**2** Den Backofen auf 150 °C (Gas Stufe 1) vorheizen. Das Kürbisfleisch hacken oder in Stücke schneiden. In etwas Wasser weich dünsten oder in Olivenöl weich garen und im Backofen 10 Minuten ausdünsten lassen.

**3** Die Zwiebel und den Knoblauch abziehen und fein würfeln. Das Olivenöl und die Butter bei mittlerer Hitze in einer beschichteten Pfanne mit schwerem Boden von 25 Zentimeter Durchmesser erwärmen. Sobald die Butter nicht mehr schäumt, die Zwiebeln hineingeben und etwa 5 Minuten andünsten, ohne dass sie Farbe annehmen. Den Knoblauch hinzufügen und 1 Minute mitgaren.

**4** Das Kürbisfleisch gleichmäßig in der Pfanne verteilen und die Eiermasse darüber gießen. Bei schwacher Hitze garen, bis die Eier am Rand zu stocken beginnen. Dabei nicht umrühren. Das Omelett an den Rändern mit einem Pfannenwender anheben und die Pfanne dabei schräg halten, damit das flüssige Ei nach unten abläuft. Weitergaren, bis die Eiermasse oben fast gestockt ist.

**5** Das Omelett auf einen Teller stürzen und die Frittata wieder in die Pfanne gleiten lassen und 1 bis 2 Minuten auf der anderen Seiten garen.

**6** Das Omelett wie einen Kuchen aufschneiden und heiß oder lauwarm mit Rucolasalat servieren.

# Frittata mit sonnengetrockneten Tomaten und grünem Spargel

**1** Den Spargel am unteren Ende abschneiden, in etwas Wasser bissfest garen und klein schneiden. Die geputzten Frühlingszwiebeln in Ringe und die Tomaten in Streifen schneiden.

**2** Die Kräuter abzupfen, fein hacken und mit Reis, Spargel, Frühlingszwiebeln und Tomaten gründlich vermischen. Alles bei mittlerer Hitze in einer großen Pfanne im Öl anbraten.

**3** Die Eier verschlagen, mit Salz und Pfeffer würzen und in die Pfanne geben. Mehrmals etwas verrühren bis die Eimasse stockt. Den Schafskäse darüber bröseln und die Frittata wenden. Noch kurz auf der ausgeschalteten Herdplatte ziehen lassen.

***Tipp***

*Tomaten können auch selbst getrocknet werden: Von kleinen Eiertomaten (Menge nach Wahl) am Stielansatz einen Deckel abschneiden und aushöhlen. Dann die Tomaten für einen Tag in kaltes Wasser mit Eiswürfeln legen, damit sie ihre rote Farbe behalten. Danach für 3–4 Stunden im Backofen bei 40 °C trocknen. Die Temperatur langsam bis zum Schluss auf 80 °C erhöhen und die Tomaten dabei immer wieder leicht salzen und mit Öl einpinseln. Zum Schluss je nach Geschmack auch pfeffern, dann auskühlen lassen. Damit die Tomaten haltbar bleiben, abschließend noch für einen halben Tag, luftdicht mit Öl bedeckt, ruhen lassen.*

## Zutaten

**Für 6 Personen**

8 Stangen grüner Spargel
3 Stängel Frühlingszwiebel
10 getrocknete Tomaten
1/2 Bund Thymian
1/2 Bund Petersilie
4 EL gekochter wilder Reis
1 EL Olivenöl
10 Eier
Salz, frisch gemahlener Pfeffer
100 g Schafskäse

# Quesadillas mit Hummer und Mango-Mojo

## Zutaten

**Für 4 Personen**

1 Zwiebel
1 Knoblauchzehe
2 Tomaten
2 Frühlingszwiebeln
3 EL Olivenöl extra vergine
3 gekochte Kartoffeln
60 g geriebener Cheddar

100 g Frischkäse
400 g ausgelöstes Hummerfleisch (ersatzweise gekochte Riesenkrevetten)
Salz
etwas Chilipulver
8 kleine Maistortillas
1 Eiweiß
2 Mangos
100 ml Limettensaft
2 EL Honig
1/2 Bund Minze
100 g geriebener Käse

**1** Die Zwiebel abziehen und würfeln. Die Knoblauchzehe abziehen und durchpressen.

**2** Die Tomaten blanchieren, häuten, vierteln entkernen und klein schneiden. Die Frühlingszwiebeln putzen, waschen und in Ringe schneiden. Alles im Olivenöl bei mittlerer Hitze 5 Minuten dünsten.

**3** Die Kartoffeln schälen und reiben. Mit Cheddar, Frischkäse und den Zwiebelringen vermischen.

**4** Das Hummerfleisch grob hacken, zugeben, mit der Tomaten-Zwiebel-Masse vermischen und mit Salz und Chilipulver würzen.

**5** Die Hälfte der Maistortillas mit der vorbereiteten Füllung belegen. Die Ränder mit Eiweiß einstreichen, mit den restlichen Tortillas bedecken und an den Rändern festdrücken. 1 Stunde im Kühlschrank ruhen lassen.

**6** Den Backofen auf 180 °C (Gas Stufe 2–3) vorheizen. In der Zwischenzeit die Mangos schälen, das Fruchtfleisch vom Kern schneiden, sehr fein würfeln und mit Limettensaft, Honig und fein geschnittener Minze vermengen.

**7** Die mit Käse bestreuten Quesadillas 6 bis 8 Minuten im Backofen überbacken und zusammen mit dem Mango-Mojo servieren.

# Pasta

Sommer, Sonne und die Küche des Südens – eine wunderbare Verbindung, die immer wieder für neue und überraschende Kreationen auf dem Tisch sorgt. Exquisite Ideen sind z.B. Lamm-Agnolotti mit Minze, Mascarpone und Tomaten oder Papardelle mit Rucola, Pancetta und Shrimps. Doch auch Gorgonzola-Ravioli mit Rucola und gerösteten Walnüssen, Asia-Nudeln mit Ingwer und Mango, Spaghetti mit Miesmuscheln oder Tortelloni mit geräucherter Ente, Honig und Ingwer versetzen in Urlaubsstimmung.

Pasta wird gerne als zweites Gang gereicht. Als Antipasti gut geeignet sind z.B. Zucchiniröllchen (S.134)

# Bucatini mit Speck und Knoblauch

## Zutaten

400 g Bucatini (oder dicke Spaghetti)
Etwas kaltgepresstes Olivenöl
Salz
100 g durchwachsener Bauchspeck
3 Knoblauchzehen
2 EL kaltgepresstes Olivenöl
1/2 Bund Basilikum
1/2 Bund Salbei
250 g kleine reife Kirschtomaten
1 Peperoncinoschote
100 g Pecorino, gerieben
Schwarzer Pfeffer aus der Mühle

**1** Die Nudeln in reichlich Salzwasser mit ein paar Tropfen Olivenöl »al dente« kochen, sofort mit kaltem Wasser abschrecken und gründlich abtropfen lassen.

**2** Den Speck in feine Streifen schneiden. Den Knoblauch schälen, durch die Presse drücken und zusammen mit den Speckstreifen im Olivenöl anbraten.

**3** Das Basilikum und den Salbei abbrausen, trockenschütteln und die Blätter von den Stielen zupfen. Die Basilikumblätter grob hacken und die Salbeiblätter in feine Streifen schneiden.

**4** Die Kirschtomaten, die Peperoncinoschote, das Basilikum und den Salbei zu dem Speck geben und alles ungefähr 5 Minuten bei geringer Hitze köcheln lassen.

**5** Die Nudeln in die Sauce geben, kurz schwenken, den Käse zufügen, mit Salz und Pfeffer würzen und sofort servieren.

***Übrigens …***
Bucatini sind eine dicke, hohle Spaghettiform, die traditionell zu Gerichten mit Speck, im Latium etwa für die Spaghetti Carbonara, verwendet werden.

***Übrigens …***
*Für Saucen und Suppen keine schnittfesten Tomaten kaufen, da Schnittfestigkeit ein Indiz für mangelnde Reife ist.*
*Weiche Suppentomaten sind aromatischer und zumeist auch kostengünstiger.*

# Ricotta-Ravioli mit Kräutern und Limonen

## Zutaten

**Für die Füllung**

250 g Ricotta
4 Eigelbe
150 g Parmesan
60 g Pecorino
150 g gekochter Beinschinken
2 unbehandelte Limonen
Salz
Schwarzer Pfeffer aus der Mühle

**Für die Ravioli**

400 g Mehl
3 Eier
1 TL Salz
1–2 TL auwarmes Wasser
Etwas Mehl zum Ausrollen
1 Eiweiß
2 Stangen Lauch
40 g Butter
6 EL kaltgepresstes Olivenöl
Salz
Schwarzer Ffeffer aus der Mühle
4 EL Parmesan, gerieben

**1** Für die Füllung den Ricotta zusammen mit den Eigelben schaumig schlagen und den geriebenen Käse unterrühren. Den Schinken fein hacken. Die Schale der Limonen abreiben, den Saft auspressen, zur Käse-Ei-Mischung geben und mit Salz und Pfeffer würzen.

**2** Das Mehl auf eine Arbeitsplatte sieben, eine Mulde eindrücken, die mit Salz verquirlten Eier beigeben. Zu einem geschmeidigen Teig verarbeiten, eventuell etwas Wasser zugeben. Den Teig an einem warmen Ort 1/2 Stunde ruhen lassen, dann hauchdünn in 2 gleich große Teile ausrollen. Mit einem Esslöffel walnussgroße Häufchen der Füllung im Abstand von etwa 3 Zentimetern auf einer Teigfläche verteilen. Die Zwischenräume mit Eiweiß bestreichen und die zweite dünne Teigfläche darauf legen.

**3** Die Zwischenräume gut andrücken und mit einem Ausstecher runde Ravioli ausstechen. Diese in siedendem Salzwasser 4–5 Minuten überwallen lassen.

**4** Lauch putzen, in feine Streifen schneiden und in der Hälfte der Butter und des Olivenöls andünsten; salzen und pfeffern. Die Lauchstreifen in die Tellermitte geben und die Ravioli darauf legen. Die restliche Butter und das Olivenöl erhitzen und über die Ravioli geben. Über jede Portion Ravioli je 1 Esslöffel Parmesan streuen.

# Lamm-Agnolotti mit Minze, Mascarpone und Tomaten

## Zutaten

**Für 4 Personen**

**Für die Nudeln**

300 g Mehl
80 g Grieß
3 Eier
2 Eigelb
1 EL Olivenöl extra vergine
Salz

**Für die Füllung und die Sauce**

300 g Lammrückenfleisch
3 Schalotten
1 Knoblauchzehe
5 EL Olivenöl
6 Tomaten
80 g Mascarpone
2 EL Tomatenmark
4 Blätter Pfefferminze
frisch gemahlener schwarzer Pfeffer
Mehl zum Ausrollen
1 Eiweiß
30 g Butter
Parmesanspäne

**1** Mehl, Grieß, Eier, Eigelbe, Öl und etwas Salz vermengen und zu einem elastischen Teig verkneten. Zu einer Kugel formen und 30 Minuten ruhen lassen.

**2** Für die Füllung das Fleisch durch die feine Scheibe des Fleischwolfs drehen. Schalotten und Knoblauch abziehen, fein würfeln und in 2 Esslöffeln Olivenöl goldgelb dünsten.

**3** 2 Tomaten klein schneiden. Mit dem Fleisch zu den Schalotten geben, 5 bis 6 Minuten weiter garen und nochmals fein pürieren. Mit Mascarpone, Tomatenmark und der gehackten Minze mischen. Mit Salz und Pfeffer pikant würzen.

**4** Den Teig auf einer bemehlten Arbeitsfläche möglichst dünn ausrollen. Kreise von 8 Zentimeter Durchmesser ausstechen. Jeweils 1 Teelöffel von der Füllung darauf setzen, die Ränder mit Eiweiß bestreichen und die Kreise zu Halbmonden zusammenklappen. Den Rand um die Füllungen gut andrücken.

**5** Die restlichen Tomaten auf der Unterseite kreuzweise einschneiden, den Strunk entfernen und die Tomaten 30 Sekunden in kochendem Wasser blanchieren, kalt abschrecken, häuten, halbieren, entkernen und das Fruchtfleisch in Würfel schneiden.

**6** Die Agnolotti in siedendem Salzwasser 4 bis 5 Minuten ziehen lassen. Mit einer Schaumkelle aus dem Wasser heben, gut abtropfen lassen und auf Tellern anrichten.

**7** Das restliche Olivenöl mit der Butter hellbraun schmelzen und die Tomatenwürfel darin angehen lassen. Mit Salz und grobem Pfeffer würzen und über die Nudeltaschen geben. Nach Belieben mit Parmesan servieren.

# Conchiglie mit Ricotta und Tomaten

## Zutaten

**Für 4 bis 6 Personen**

4 Tomaten
6 EL Olivenöl extra vergine
1 Bund Basilikum
Salz
frisch gemahlener schwarzer Pfeffer
100 g Ricotta
400 g Conchiglie (Muschelnudeln)
100 g frisch geriebener Parmesan
Olivenöl extra vergine zum Beträufeln

**1** Die Tomaten hacken und in einer großen Schüssel mit dem Olivenöl, den in grobe Stücke gerissenen Basilikumblättern, Salz und Pfeffer vermischen. Mindestens 15 Minuten ziehen lassen und anschließend den Ricotta hinzufügen.

**2** Die Nudeln in reichlich gesalzenem Wasser in 10 bis 12 Minuten bissfest garen. Abgießen und mit Tomaten und Ricotta vermischen. Zum Schluss großzügig mit Parmesan bestreuen und mit Olivenöl beträufeln.

## Muschelnudeln mit Brokkoli

**1** Die Nudeln in reichlich gesalzenem Wasser in 10 bis 12 Minuten bissfest garen.

**2** Währenddessen den Brokkoli in kleine Röschen zerteilen und ebenfalls in kochendem Wasser 6 bis 8 Minuten blanchieren.

**3** In der Zwischenzeit den Knoblauch abziehen und fein würfeln, die Chilischoten halbieren, entkernen und hacken. Die Sardellen abtropfen lassen.

**4** Das Öl in einem großen Topf erhitzen und den Knoblauch mit Sardellen und Chilischoten darin anbraten. Die Nudeln und den Brokkoli abgießen, in den Topf zum Knoblauch geben und weitere 5 Minuten garen. Mit Salz und Pfeffer abschmecken.

**5** Mit geriebenem Parmesan oder gerösteter Brotkrume bestreuen und servieren.

### Zutaten

**Für 4 bis 6 Personen**

400 g Orecchiette (Muschelnudeln)
Salz
500 g Brokkoli, 1 Knoblauchzehe
2 rote Chilischoten
50 g Sardellenfilets in Olivenöl (aus der Dose)
6 EL Olivenöl
frisch gemahlener schwarzer Pfeffer
geriebener Parmesan oder in 4 EL Olivenöl geröstete Brotkrume

## Papardelle mit Rucola, Pancetta und Shrimps

**1** Die Knoblauchzehe abziehen und hacken. Den Pancetta fein würfeln. Die Shrimps schälen, am Rücken aufschneiden, vom Darmfaden befreien und zerkleinern. Die Tomaten in Würfel schneiden und den Rucola grob hacken.

**2** Das Öl in einer Pfanne erhitzen und den Knoblauch goldbraun andünsten. Speck und Shrimps zugeben, mit dem Wein ablöschen und die Tomaten hinzufügen. Mit Salz würzen und das Ganze etwa 6 Minuten garen. Kurz vor Ende der Garzeit den Rucola unterheben.

**3** Die Nudeln in reichlich kochendem Salzwasser bissfest garen, abgießen und mit der Sauce vermischen. Mit frisch gemahlenem schwarzem Pfeffer bestreuen und sofort servieren.

### Zutaten

**Für 4 bis 6 Personen**

1 Knoblauchzehe
200 g Pancetta oder geräucherter Frühstücksspeck
25 große, rohe Shrimps
200 g Tomaten
100 g Rucola
6 EL Olivenöl
6 EL Weißwein
400 g Pappardelle oder Fettuccine
Salz, frisch gemahlener schwarzer Pfeffer

# Asia-Nudeln mit Ingwer und Mango

## Zutaten

**Für 4 Personen**

300 g asiatische Eiernudeln
Salz
6 EL Olivenöl extra vergine
2 kleine Chilischoten
1 Stange Lauch

2 EL Sojasauce
1 TL dunkles Sesamöl
Saft von 1 Limette
1 TL Sesamkörner
1 1/2 TL frischer Ingwer
1 Mango
frisch gemahlener schwarzer Pfeffer

**1** Die Nudeln in reichlich gesalzenem Wasser mit 3 Esslöffeln Öl bissfest garen. Kalt abschrecken und das Wasser abgießen. Die Chilischoten entkernen und sehr fein würfeln.

**2** Den Lauch in feine Streifen schneiden und mit kaltem Wasser gut durchspülen. Im restlichen Olivenöl Chiliwürfel und Lauch andünsten, die Nudeln zugeben und mit Sojasauce, Sesamöl und Limettensaft würzen. Danach die Sesamkörner zufügen.

**3** Den Ingwer schälen und fein reiben. Die Mango schälen, in Streifen schneiden und mit dem Ingwer zu den Nudeln geben. Mit Salz und Pfeffer scharf abschmecken und noch heiß servieren.

***Tipp***
*Die Nudeln können auch kalt als Pasta-Salat gegessen werden.*

# Gorgonzola-Ravioli mit Rucola und gerösteten Walnüssen

**Zutaten**

**Für 4 Personen**

**Für die Nudeln**
250 g Mehl
80 g Grieß
3 Eier
2 Eigelb
1 EL Olivenöl
Salz

**Für die Füllung**
40 g gehackte Walnüsse
100 g Ricotta oder Magerquark
120 g Gorgonzola
2 Eigelbe
Rucolablätter
20 g geriebener Pecorino
weißer Pfeffer

**Zusätzlich**
Mehl
1 Eiweiß
4 EL Olivenöl
1/2 Bund Rucola
20 g grob gehackte Walnüsse
30 g geriebener Pecorino
20 g Butter
etwas rosa Pfeffer

**1** Mehl, Grieß, Eier, Eigelbe, Öl und etwas Salz vermengen und zu einem elastischen Teig verkneten. Zu einer Kugel formen und 30 Minuten ruhen lassen.

**2** Für die Füllung die Walnüsse in einer beschichteten Pfanne ohne Fettzugabe rösten und erkalten lassen. In einer Schüssel Ricotta mit Gorgonzola und Eigelben glatt rühren. Den Rucola hacken, den Pecorino und die Walnüsse beigeben und mit Salz und Pfeffer würzen. Die Füllung zugedeckt 1 Stunde kühl stellen.

**3** Den Teig auf bemehlter Arbeitsfläche möglichst dünn ausrollen und in 2 gleich große Teigflächen teilen. Auf eine der Flächen in ausreichendem Abstand teelöffelweise die Füllung verteilen. Rundum mit Eiweiß bestreichen und mit der zweiten Teigfläche bedecken. Den Rand um die Füllungen gut andrücken und mit Hilfe eines runden Ausstechers Ravioli ausschneiden.

**4** Die Nudeltaschen in siedendem Salzwasser 4 bis 5 Minuten ziehen lassen. Mit einer Schaumkelle aus dem Wasser heben, gut abtropfen lassen und auf Tellern anrichten.

**5** Das Olivenöl erhitzen und den geputzten Rucola darin andünsten. Mit Salz und Pfeffer würzen. Die Walnüsse leicht rösten.

**6** Den Rucola auf die Mitte von 4 Tellern anrichten, die heißen Ravioli darauf legen, mit den Walnüssen und dem Pecorino bestreuen. Mit zerlassener Butter beträufeln und mit rosa Pfeffer garnieren.

# Lamm-Lasagne mit Minze und Mascarpone

**1** Das Fleisch durch die mittlere Scheibe des Fleischwolfs drehen. Zwiebeln und Knoblauch abziehen und fein würfeln. Im Olivenöl andünsten. Das Fleisch zugeben und mitbraten. Mit Rotwein ablöschen, etwas einkochen lassen und Fleischsauce und Pelati zugießen. 25 Minuten bei mittlerer Hitze kochen. Mit Salz und Pfeffer pikant würzen. Danach erkalten lassen, die Minze fein hacken und unter das Fleisch rühren.

**2** Für den Sugo Zwiebeln und Knoblauch abziehen, fein würfeln und im Olivenöl andünsten. Die Tomaten zugeben, aufkochen, 20 Minuten garen. Mit Zucker, Salz, Pfeffer, Oregano und Essig würzen.

**3** Für die Käsesauce die Butter zerlassen. Das Mehl einrühren, die Milch zugießen, aufkochen und unter ständigem Rühren bei schwacher Hitze 12 Minuten kochen. Die Sahne und den Greyerzer hinzufügen und den Käse schmelzen. Mit Salz, Pfeffer und Muskat würzen.

**4** Eine rechteckige Auflaufform mit etwas Butter ausstreichen und lagenweise Teigplatten, Fleischfüllung, Tomatensugo und Käsesauce einfüllen. Die letzte Schicht sollte Käsesauce sein. Zuletzt mit Käse und Butterflocken bestreuen und im auf 200 °C (Gas Stufe 3–4) vorgeheizten Ofen 30 bis 40 Minuten überbacken, bis die Lasagneplatten weich sind.

## Zutaten

**Für 6 bis 8 Personen**

**Für die Fleischfüllung**

700 g Lammhackfleisch
2 Zwiebeln
5 Knoblauchzehen
100 ml Olivenöl
200 ml Rotwein
300 ml Fleischsauce
300 g Pelati-Tomaten
Salz, frisch gemahlener schwarzer Pfeffer
1 Bund Pfefferminze

**Für den Tomatensugo**

2 Zwiebeln
4 Knoblauchzehen
50 ml Olivenöl
1 kg Pelati-Tomaten
2 TL Zucker
2 TL fein gehackter Oregano
2 EL Balsamico-Essig

**Für die Käsesauce**

2 EL Butter
2 EL Mehl
300 ml Milch
100 g Sahne
70 g geriebener Greyerzer
weißer Pfeffer
etwas Muskat

**Zusätzlich**

3 EL Butter
500 g Lasagneblätter
50 g geriebener Greyerzer

# Tortelloni mit geräucherter Ente, Honig und Ingwer

## Zutaten

**Für 4 Personen**

**Für die Nudeln**

250 g Mehl
80 g Grieß
3 Eier
2 Eigelb
Salz
Olivenöl

**Für die Füllung**

2 geräucherte Entenbrüstchen
100 g Ricotta (Magerquark)
5 TL Honig
1 Eigelb
2–3 TL gehackter Ingwer
frisch gemahlener schwarzer Pfeffer

**Zusätzlich**

4 EL Mehl, 1 Eiweiß
2 Stangen Lauch
20 g Butter
1 TL Sesamöl
2 EL Olivenöl
250 g Sahne
300 ml Orangensaft
Orangenfilets von 3 Orangen
Sesamkörner zum Garnieren

**1** Mehl, Grieß, Eier, Eigelbe, etwas Salz und Öl vermengen und zu einem elastischen Teig verkneten. Zu einer Kugel formen und 30 Minuten ruhen lassen.

**2** Die Entenbrüste sehr fein schneiden, mit Ricotta, Honig, Eigelb und Ingwer in eine Schüssel geben, gut vermengen und mit Salz und Pfeffer würzen.

**3** Den Teig auf einer bemehlten Arbeitsfläche möglichst dünn ausrollen. Kreise von 8 Zentimeter Durchmesser ausstechen. Jeweils 1 Teelöffel von der Füllung darauf setzen, die Ränder mit Eiweiß bestreichen und die Kreise zu Halbmonden zusammenklappen. Den Rand um die Füllungen gut andrücken. Nun die Spitzen der Halbkreise zusammenführen, andrücken und auf diese Weise die Tortelloni formen.

**4** Den Lauch vierteln, putzen, in Streifen schneiden und in Butter, Sesam- und Olivenöl andünsten. Sahne und Orangensaft zugeben und aufkochen. Mit Salz und Pfeffer würzen, etwas einreduzieren lassen und abbinden. Kurz vor dem Servieren die Orangenfilets zugeben.

**5** Die Tortelloni in siedendem Salzwasser 4 bis 5 Minuten ziehen lassen. Mit einer Schaumkelle aus dem Wasser heben und gut abtropfen lassen.

**6** Die Tortelloni auf Tellern anrichten und mit Orangen-Sesam-Sauce übergießen. Zum Schluss noch mit Sesam bestreuen.

# Ideen mit Gemüse

Die Gemüsestände auf den Märkten quellen über. Farben in allen nur erdenklichen Schattierungen präsentieren sich dem Auge, und würzige Gerüche lassen das Herz höher schlagen. Rezept über Rezept bietet sich an: Von einfachen kandierten Möhren à la provençale über Peperonatagemüse mit Thymian und knusprigem Sommerspinat bis hin zu grünem Spargel mit Eiern oder Auberginenauflauf mit Tomaten-Basilikum-Sauce oder Kräuter-Risotto mit gegrilltem Gemüse reicht die Palette.

Ein Kräuter-Risotto mit gegrilltem Gemüse spiegelt die Vielfalt der Sommerküche wider.

# Zucchini mit Ricotta-Parmesan-Mousse in Tomatensauce

## Zutaten

**Für die Sauce**

5 reife Tomaten
1/2 Bund Basilikum
Schwarzer Pfeffer aus der Mühle

**Für die Zucchini**

3 lange, große, gleichmäßig gewachsene Zucchini
3 EL kaltgepresstes Olivenöl
Salz
Schwarzer Pfeffer aus der Mühle

**Für die Füllung**

150 g Ricotta
40 g Parmesan, frisch gerieben
30 g Pecorino, frisch gerieben
1 Eigelb
Salz
Schwarzer Pfeffer aus der Mühle
Muskatnuss, frisch gerieben

**Für den Salat**

2 Bund Rucola-Salat
1/2 Bund glatte Petersilie
1 unbehandelte Zitrone, ausgepresst
6 EL kaltgepresstes Olivenöl
Salz
Schwarzer Pfeffer aus der Mühle

**1** Die Tomaten oben kreuzweise einschneiden (den Stielansatz entfernen), etwa 15 Sekunden in kochendes Wasser

tauchen, aus dem Wasser nehmen und kalt abschrecken. Die Tomaten häuten (den Strunk herausschneiden), halbieren, die Kerne entfernen und das Tomatenfleisch im Mixer pürieren.

**2** Das Basilikum abbrausen, trockenschütteln, die Blätter abzupfen, grob hacken, unter die Tomaten mengen und mit Pfeffer würzen.

**3** Die Zucchini längs in Tranchen schneiden, mit dem Öl bestreichen, mit Salz und Pfeffer würzen, auf beiden Seiten kurz anbraten und auf Küchenpapier gut abtropfen lassen.

**4** Den Ricotta cremig rühren, die beiden anderen Käsesorten und das Eigelb untermischen und mit Salz, Pfeffer und Muskatnuss würzen. Die Mischung etwa 1 Stunde in den Kühlschrank stellen. Danach die Zucchinitranchen mit der Käsemasse bestreichen und aufrollen.

**5** Den Salat putzen, waschen, und in eine Schüssel geben. Die Petersilie abbrausen und in kleine Zweige zupfen.

**6** Die Petersilie mit dem Saft der Zitrone und dem Olivenöl zum Salat geben und alles mit Salz und Pfeffer würzen.

**7** Tomatensauce auf die Teller verteilen, Zucchiniröllchen aufsetzen und mit dem Rucola-Salat servieren.

# Knuspriger Sommerspinat

## Zutaten

**Für 4 Personen**

3 Bund Spinat oder Mangold
Salz
frisch gemahlener schwarzer Pfeffer
35 g Sultaninen oder Rosinen
35 g Korinthen
4 Sardellenfilets
3 Scheiben altbackenes Bauernbrot ohne Rinde
6 Knoblauchzehen
6 EL Olivenöl extra vergine
60 g geröstete Pinienkerne

**1** Den Spinat von den Stielen befreien, die Blätter waschen und trocknen. Mit 2 Esslöffeln Wasser in eine Pfanne geben und mit Salz und Pfeffer würzen. Zudecken und den Spinat bei mittlerer Hitze garen, bis er zusammenfällt (je nachdem, ob Spinat oder Mangold verwendet wird, 3 bis 10 Minuten). Die Blätter abtropfen lassen.

**2** Die Rosinen und Korinthen mit 1/4 Liter kochendem Wasser übergießen, 15 Minuten

ziehen lassen und abgießen. Die Sardellenfilets 10 Minuten in kaltes Wasser legen, trockentupfen. Das Brot in 1 Zentimeter große Würfel schneiden.

**3** Von den Knoblauchzehen 4 Stück abziehen und fein hacken. 4 Esslöffel Olivenöl erhitzen, den Knoblauch darin kurz andünsten. Die Brotwürfel zugeben und 10 bis 15 Minuten rösten, bis sie knusprig sind. Zum Schluss mit Salz und Pfeffer würzen.

**4** Die verbliebenen Knoblauchzehen abziehen, fein hacken und im restlichen Öl 1 Minute anbraten.

**5** Die Sardellenfilets zerdrücken, zum Knoblauch geben und so lange rühren, bis die Sardellen zerfallen sind. Pinienkerne, Rosinen und den Spinat hinzufügen und mit Salz und Pfeffer abschmecken. Die Zutaten gut vermischen und auf einer Platte anrichten. Mit den Croûtons bestreuen und warm servieren.

# Kandierte Möhren à la provençale

1 Die Möhren schälen, putzen, halbieren und schräg in 1 Zentimeter dicke Scheiben schneiden. Diese in 3/4 Liter leicht gesalzenem Wasser in etwa 30 Minuten weich garen und anschließend abgießen.

2 In der Zwischenzeit die Knoblauchzehen abziehen und fein hacken.

3 Das Öl bei starker Hitze in einer großen Pfanne erhitzen. Die Möhren hineingeben und unter Rühren leicht anbräunen. Den Zucker einstreuen und die Pfanne schwenken, bis die Karotten damit überzogen sind.

4 Den Knoblauch und die Zitrusschalen dazugeben und weitere 2 Minuten garen. Dabei laufend umrühren.

5 Die Salbeiblätter fein hacken und die Möhren damit bestreuen, dann servieren.

## Zutaten

**Für 2 Personen**

3 große Möhren
Salz
2 Knoblauchzehen
2 EL Erdnussöl
1 EL Zucker
1 Messerspitze abgeriebene Schale von 1 unbehandelten Zitrone
1 Messerspitze abgeriebene Schale von 1 unbehandelten Limette
4–6 Salbeiblätter

# Peperonatagemüse mit Thymian

1 Die Paprikaschoten vierteln, entkernen und unter dem Backofengrill rösten, bis die Schale dunkel wird und Blasen wirft. Die Schoten herausnehmen, in einen Plastikbeutel verpacken und 15 Minuten ruhen lassen.

2 In der Zwischenzeit die Knoblauchzehe abziehen und fein hacken.

3 Die Schale der Paprikaschoten mit den Fingern abziehen, die Schoten halbieren und die Stielansätze, die Kerne und die weißen Häutchen entfernen. Das Fruchtfleisch grob hacken.

4 In eine Schüssel geben, Öl, Thymian und Knoblauch hinzufügen, mit Salz und Pfeffer würzen und alles gut durchmischen.

## Zutaten

**Für 4 Personen**

2 gelbe Paprika
2 grüne Paprika
2 rote Paprika
1 große Knoblauchzehe
100 ml Olivenöl extra vergine
1 TL frisch gehackter Thymian
Salz, frisch gemahlener schwarzer Pfeffer

# Auberginenauflauf mit Tomaten-Basilikum-Sauce

## Zutaten

**Für 4 Personen**

1 kg Auberginen
Salz
4 Knoblauchzehen
6 EL Olivenöl extra vergine
3 Eier
70 g geriebener Parmesan
frisch gemahlener schwarzer Pfeffer
1 kleine Zwiebel
400 g Pelati-Tomaten
8 Basilikumblätter

### Extratipp

Durch das vorherige Salzen der Aubergine werden dem Gemüse nicht nur Bitterstoffe entzogen, sondern zugleich auch verhindert, dass sich das Fruchtfleisch beim Braten zu sehr voll Fett saugt.

**1** Aus einigen Auberginen 4 gleich große Scheiben für die Böden der Aufläufe herausschneiden. Die restlichen Auberginen schälen, in Streifen schneiden, in ein Sieb legen und mit Salz bestreuen, um die Bitterstoffe zu entziehen.

**2** Die Knoblauchzehen abziehen und durchpressen. Die Hälfte in 4 Esslöffeln Öl bei schwacher Hitze goldgelb andünsten. Die Auberginenstreifen abspülen, abtropfen lassen, dazugeben und weich garen. Aus der Pfanne nehmen und auf Küchenkrepp abtropfen lassen.

**3** Die 4 Auberginenscheiben goldbraun braten und ebenfalls auf Küchenkrepp abtropfen lassen.

**4** Die Auberginenstreifen mit Eiern und Parmesan pürieren und leicht mit Salz und Pfeffer würzen.

**5** Den Backofen auf 180 °C (Gas Stufe 2–3) vorheizen. Das Püree auf kleine, mit Öl ausgefettete Auflaufförmchen verteilen, die Förmchen mit gefetteter Alufolie verschließen, in ein Wasserbad stellen und etwa 1/2 Stunde im Ofen garen.

**6** In der Zwischenzeit die Zwiebel abziehen, würfeln und mit dem restlichen Knoblauch in 1 Esslöffel Öl bei schwacher Hitze glasig dünsten. Die Tomaten dazugeben und im geöffneten Topf bei starker Hitze aufkochen, etwas eindicken lassen und mit den Basilikumblättern pürieren. Mit Salz und Pfeffer abschmecken.

**7** Die Auberginenaufläufe nach Ende der Garzeit noch 10 Minuten ruhen lassen. Die gebratenen Auberginenscheiben auf vier Tellern verteilen, die Aufläufe auf die Scheiben stürzen und mit etwas Sauce umgießen.

# Grüner Spargel mit Eiern

## Zutaten

**Für 6 Personen**

2 kg grüner Spargel
Salz
etwas Zucker
100 g Butter
6 Eier
frisch gemahlener schwarzer Pfeffer
5 EL geriebener Parmesan

**1** Den Spargel waschen, die unteren Stangenenden abschneiden und die Spargelstangen in etwas Wasser mit Salz, Zucker und 1 Esslöffel Butter in etwa 10 Minuten weich dünsten.

**2** Die Eier bei relativ schwacher Hitze in der Hälfte der

Butter als Spiegeleier braten. Das Eiweiß soll dabei auf keinen Fall knusprig werden.

**3** Den abgetropften Spargel auf einer Platte anrichten, mit Salz und Pfeffer würzen und mit Parmesan und der restlichen zerlassenen Butter überziehen. Die heißen Eier darauf legen, so dass der Käse etwas schmilzt, und sofort servieren.

# Gegrillter Lauch und Frühlingszwiebeln mit Romesco-Sauce

**1** Den Backofen auf 175 °C (Gas Stufe 2–3) vorheizen. Die Tomaten und den Knoblauch in einen Bräter geben

und 1/2 Stunde ohne Fettzugabe im Backofen rösten. Den Knoblauch abziehen, die Tomaten, häuten, entkernen und hacken.

**2** Chilischoten und roten Pfeffer mit 200 Milliliter Wasser und 4 Esslöffeln Essig aufkochen. Den Topf zudecken und 10 Minuten bei schwacher Hitze kochen lassen. Die Herdplatte ausschalten, die Gewürze 1/2 Stunde ziehen lassen und abgießen. Die Kerne aus den Chilischoten herauskratzen und das Fruchtfleisch fein hacken.

**3** Das Brot würfeln. 2 Esslöffel Öl in einer kleinen Pfanne erhitzen und Brot, Mandeln und Nüsse goldbraun rösten. In eine Küchenmaschine geben und mit Chilischoten, Knoblauchzehen und Tomaten pürieren. Bei laufender Maschine das restliche Olivenöl und den Essig, Paprikapulver, Salz und Pfeffer hinzufügen. Die entstandene Sauce durch ein grobmaschiges Sieb passieren und 2 Stunden ziehen lassen.

**4** Den Lauch und die Frühlingszwiebeln putzen und gründlich waschen. Die Butter mit dem Öl verrühren und das Gemüse damit bestreichen.

**5** Den Lauch auf den heißen Grill legen und etwa 15 Minuten rösten. Das Gemüse dabei gelegentlich drehen. Sobald der Lauch eine leicht dunkelbraune Farbe angenommen hat, die Frühlingszwiebel dazulegen und in 5 Minuten goldbraun rösten. Das Gemüse in Alufolie einschlagen und 10 Minuten ruhen lassen.

**6** Die dunkle Haut von den Lauchstangen abziehen und das Gemüse mit der Romesco-Sauce auf einer Platte hübsch anrichten.

## Zutaten

**Für 6 Personen**

**Für die Sauce**

3 Tomaten
5 Knoblauchzehen
2 getrocknete rote Chilischoten
1/4 TL roter Pfeffer
6 EL Rotweinessig
1 Scheibe Weißbrot
6 EL Olivenöl
15 geschälte Mandeln
15 Haselnüsse
1 TL Paprikapulver edelsüß
Salz, frisch gemahlener schwarzer Pfeffer

**Für das Gemüse**

18 kleine Stangen Lauch
18 große Frühlingszwiebeln
2 EL zerlassene Butter
2 EL Olivenöl extra vergine

### Extratipp

Die Haselnüsse vor dem Schälen auf ein Backblech streuen, mit Wasser besprühen und 10 bis 15 Minuten bei 160 °C (Gas Stufe 1–2) im Backofen rösten. Etwas abkühlen lassen, in ein Geschirrtuch einschlagen und die Häutchen lösen, indem Sie die Nüsse unter dem Tuch aneinander reiben.

# Südliche Pizza mit roten Paprikaschoten

## Zutaten

**Für 6 Personen**

**Für den Teig**
500 g Mehl und Mehl zum Bearbeiten
40 g Hefe
1/2 TL Zucker

Salz
100 ml lauwarmer Orangensaft
1 Ei

**Für den Belag**
10 große, rote Paprikaschoten
4 Knoblauchzehen
2 TL Thymian
Salz, frisch gemahlener schwarzer Pfeffer
8 EL Olivenöl extra vergine

**1** Das Mehl in eine Schüssel sieben, in die Mitte eine Mulde drücken, die Hefe hineinbröseln und mit 50 Milliliter lauwarmem Wasser, Zucker und etwas Mehl verrühren. Zugedeckt an einem warmen Ort 20 Minuten gehen lassen.

**2** Die restlichen Zutaten zum Teig geben und so lange kneten, bis er Blasen wirft. Nochmals 30 Minuten gehen lassen.

**3** Den Backofen auf 225 °C (Gas Stufe 4–5) vorheizen. Die Paprikaschoten halbieren, vom Stielansatz befreien, entkernen und waschen. Ein Blech mit Alufolie auslegen, die Schotenhälften mit den Öffnungen nach unten darauf legen und in der Ofenmitte 20 bis 30 Minuten backen. In der Zwischenzeit den Knoblauch abziehen und fein hacken.

**4** Die Paprikaschoten aus dem Ofen nehmen. Ein Küchentuch in kaltes Wasser tauchen, auswringen und die Schoten sofort damit bedecken. Nach 5 Minuten die Paprika häuten und in Streifen schneiden.

**5** Ein Backblech mit Backpapier auslegen. Den Teig durchkneten und auf einer bemehlten Arbeitsfläche zu mehreren Pizzen ausrollen. Den Teig mit den Paprikastreifen belegen, den Knoblauch und den Thymian gleichmäßig darauf verteilen, mit Salz und Pfeffer würzen und etwa 10 Minuten bei 225 °C (Gas Stufe 4–5) in der Ofenmitte backen. Mit Olivenöl beträufelt je nach Belieben heiß oder kalt servieren.

# Gebackene Zwiebeln

### Zutaten

**Für 4 bis 6 Personen**

4–6 weiße oder rote Zwiebeln
Salz
4 EL Olivenöl extra vergine
frisch gemahlener schwarzer Pfeffer
25 g frisch geriebener Parmesan

**1** Den Backofen auf 200 °C (Gas Stufe 3–4) vorheizen. Die ungeschälten Zwiebeln einzeln in Alufolie wickeln und in einen mit einer Schicht Salz ausgestreuten (das Salz dient zum Aufsaugen der Flüssigkeit) Bräter setzen.

**2** Die Zwiebeln 30 bis 45 Minuten im Ofen weich garen. Herausnehmen und auswickeln. Sobald sie etwas abgekühlt sind, die Wurzelansätze abschneiden und die äußeren Häute entfernen.

**3** Ein Backblech mit etwas Olivenöl einstreichen. Die Zwiebeln der Länge nach halbieren und mit der Schnittfläche nach oben auf das Blech legen. Anschließend kräftig mit Salz, Pfeffer und Parmesan bestreuen und mit dem restlichen Olivenöl beträufeln.

**4** Die Zwiebeln erneut in den Ofen schieben und noch einmal etwa 15 Minuten backen, bis sie an der Oberseite eine goldbraune Farbe angenommen haben.

### Extratipp

Zwiebeln, die man am besten in luftdurchlässigen Säckchen oder Beuteln lagert, passen – auf diese Art gebacken – sehr gut zu Grillfleisch.

# Brokkoli mit Knoblauch und Chili

### Zutaten

**Für 4 Personen**

1 kg Brokkoli
1 Chilischote
3 Knoblauchzehen
3 EL Olivenöl
Salz

**1** Den Brokkoli waschen, die Strünke entfernen und nur die Röschen und die zarten Blätter zurückbehalten.

**2** Die Chilischote vom Stielansatz befreien, halbieren, entkernen und in Streifen schneiden. Die Knoblauchzehen abziehen und würfeln.

**3** Das Öl in einer Pfanne oder in einem Wok erhitzen. Die Chilischote und den Knoblauch kurz darin andünsten. Die Brokkoliröschen und -blätter dazugeben und unter Rühren anbraten, bis sie das Öl angenommen haben. Die Pfanne zudecken, das Gemüse bei schwacher Hitze bissfest garen und mit Salz abschmecken.

# Gebackene Kartoffeln mit Balsamico

**1** Die Kartoffeln schälen, waschen und in 1 Zentimeter dicke Scheiben schneiden.

**2** Die Zwiebeln abziehen, erst halbieren, danach vierteln, so dass das Wurzelende die einzelnen Schichten zusammenhält und Schnitze entstehen, die ungefähr die Dicke der Kartoffelscheiben haben.

**3** Die Butter in einem Bräter zerlassen, Kartoffeln und Zwiebeln zugeben, vorsichtig wenden, so dass das Gemüse mit Butter überzogen wird, und 10 Minuten andünsten.

**4** Den Thymian abbrausen, trockenschütteln, abzupfen, hacken, mit 1 Esslöffel Balsamico zu den Kartoffeln geben. Danach salzen, pfeffern und alles zugedeckt bei 200 °C (Gas Stufe 3–4) 20 Minuten im Ofen backen.

**5** Anschließend den Deckel abnehmen, den restlichen Balsamico zufügen und nochmals 20 Minuten backen.

## Zutaten

**Für 4 Personen**

1 kg Kartoffeln
3 rote Zwiebeln
150 g Butter
1 Bund Thymian
3 EL Balsamico-Essig
Salz
frisch gemahlener, schwarzer Pfeffer

# Kräuterrisotto mit gegrilltem Gemüse

## Zutaten

**Für 4 Personen**

**Für den Risotto**

60 g Butter
250 g Arborio-Reis
1/8 l Weißwein
1/4 l heiße Gemüsebrühe

5 EL gemischte gehackte Kräuter, z. B. Schnittlauch, Petersilie, Basilikum, Dill und Kerbel
Parmesanspäne zum Garnieren

**Für das Gemüse**

1 Möhre
4 Mini-Artischocken
1 Kopf Radicchio
1 Zucchini
4 Stangen junger Lauch
8 Austernpilze
4 Stangen Spargel
Salz
frisch gemahlener schwarzer Pfeffer
etwas Olivenöl extra vergine

**1** Die Butter in einem Topf mit schwerem Boden zerlassen und den Reis 2 bis 3 Minuten glasig darin anschwitzen. Dabei darauf achten, dass er keine Farbe annimmt.

**2** Den Wein angießen und den Reis aufkochen lassen. Schöpflöffelweise etwas von der heißen Brühe hinzufügen und so lange rühren, bis der Reis die Brühe aufgesogen hat. Hat er die Brühe fast vollständig aufgenommen, erneut heiße Brühe angießen. Den Vorgang etwa 18 Minuten lang wiederholen, bis der Reis bissfest gegart ist.

**3** In der Zwischenzeit das Gemüse vorbereiten. Die Möhre schälen, putzen und in 8 Stücke zerteilen. Die Artischocken blanchieren und halbieren. Den Radicchio putzen, vierteln, die Zucchini putzen, in Scheiben schneiden und den Lauch gründlich waschen und der Länge nach halbieren. Die Pilze putzen, den Spargel schälen und die unteren Enden abschneiden. Das Gemüse leicht salzen und pfeffern, dann mit Olivenöl bestreichen und weich grillen.

**4** Unmittelbar vor Ende der Garzeit die Kräuter zu dem Reis geben und gut umrühren. Den Risotto vor dem Servieren auf vorgewärmte Teller verteilen, das Gemüse darauf anrichten und das Ganze mit Parmesanspänen garnieren.

# Fleisch & Geflügel

Wenn die Sonne am späten Nachmittag ihre letzten Strahlen zur Erde schickt, glüht sie in der Küche noch ein wenig nach, wenn dort Schmankerl ganz besonderer Art zubereitet werden. Kalbsleber mit Salbei-Zwiebeln, eine marinierte und gegrillte Lammkeule, maurische Fleischspießchen, Hähnchenbrust im Speckmantel, Rumpsteak in Pizzaiola, geschmortes Rinderfilet in Cabernet Sauvignon oder eine Pie mit Hähnchenbrust und Lauch werden sowohl Sie als auch Ihre Gäste begeistern.

Unter einer hübsch verzierten Teigplatte versteckt sich die sahnige Pie mit Hähnchenbrust.

# Lammsteaks mit Olivenbutter

## Zutaten

**Für 4 Personen**

1 EL glatte Petersilie
1/2 Knoblauchzehe
75 g schwarze Oliven
120 g weiche Butter
Salz, frisch gemahlener schwarzer Pfeffer
8 Zweige Rosmarin
5 EL Olivenöl extra vergine
3 EL Portwein
4 Lammsteaks aus der Keule à 250 g

**1** Die Olivenbutter einige Stunden im Voraus zubereiten. Dazu die Petersilie abbrausen, gründlich trockenschütteln und fein hacken. Den Knoblauch abziehen und durchpressen, die Oliven entsteinen und grob hacken.

**2** Die Butter in einer Schüssel schaumig schlagen und Petersilie, Knoblauch und Oliven unterheben. Mit Salz und Pfeffer würzen und noch einmal kräftig durchrühren.

**3** Aus Pergamentpapier ein Quadrat von 25 Zentimeter Kantenlänge zurechtschneiden. Die Masse darauf geben, das Papier zusammenrollen und die Enden zusammendrehen. Die Olivenbutter kalt stellen.

**4** Die Rosmarinzweige abbrausen, trockenschütteln, die Nadeln abzupfen, diese hacken und mit Öl, Portwein, reichlich grob gemahlenem Pfeffer und etwas Salz in eine Schale geben. Die Steaks in die Marinade legen, die Schale mit Frischhaltefolie abdecken und das Fleisch mehrere Stunden bei Zimmertemperatur in der Marinade ziehen lassen.

**5** Die Lammsteaks mit Küchenkrepp trockentupfen, auf den heißen Rost eines Holzkohlegrills legen und auf jeder Seite 5 Minuten grillen. Das Fleisch auf eine Platte geben und noch 5 Minuten nachgaren lassen.

**6** Die heißen Steaks mit Scheiben von der Olivenbutterrolle belegen und die Butter etwas zerlaufen lassen.

**7** Die Steaks auf vier vorgewärmte Teller verteilen. Dazu passen sehr gut gekochte neue Kartoffeln, die in Olivenöl und etwas Rotweinessig geschwenkt wurden.

### EXTRATIPP

Falls Sie Ihr Lammfleisch noch etwas salzen möchten, dies immer erst nach dem Braten machen.

# Kalbsleber mit Salbei-Zwiebeln

**1** Die Zwiebeln schälen und in feine Ringe schneiden. In einer Pfanne 1 Esslöffel Butter schmelzen lassen und die Zwiebelringe darin glasig dünsten. Die Salbeiblätter zugeben und alles bei geringer Hitze in der geschlossenen Pfanne etwas schmoren lassen.

**2** Das Olivenöl und die restliche Butter in einer zweiten Pfanne erhitzen und die Leberscheiben ungesalzen darin braten. Kurz vor dem Servieren die Kalbsleber salzen, pfeffern und dann mit den Salbei-Zwiebeln bedeckt servieren. Dazu ein Kartoffelpüree, gedünstete Apfelscheiben und einen grünen Salat reichen.

**Zutaten**

**Für 4 Personen**

3 Zwiebeln
2 EL Butter
10 Salbeiblätter
1 EL Olivenöl extra vergine
300 g Kalbsleber
Salz, frisch gemahlener schwarzer Pfeffer

# Sizilianische Rindfleischscheiben

**1** Für die Marinade den Knoblauch schälen und fein hacken. Zusammen mit dem abgebrausten und klein geschnittenen Oregano, Olivenöl und Pfeffer gründlich vermischen.

**2** Das Rindfleisch in ganz dünne Scheiben schneiden und 24 Stunden in diese Marinade legen. Dazu die Fleischscheiben in einer flachen Terrine auslegen, mit der Marinade bestreichen, eine neue Schicht Fleisch obenauf legen und diese wieder mit der Kräuter-Knoblauch-Mischung bestreichen, so fortfahren, bis alles Fleisch mit der Marinade bedeckt ist.

**3** Zum Schluss das Fleisch in einer heißen Pfanne ohne zusätzliches Öl ganz kurz von beiden Seiten braten, dabei salzen und zusammen mit einem Rohkostsalat servieren.

**Zutaten**

**Für 4 Personen**

8 Knoblauchzehen
2 Bund Oregano
5–6 EL Olivenöl extra vergine
frisch gemahlener schwarzer Pfeffer
500 g Hüftsteaks vom Rind
Salz

# Gegrillte, marinierte Lammkeule

## Zutaten

**Für 6 Personen**

1 kg Lammfleisch aus der Keule, ohne Knochen
Salz
Saft von 1 Limette
200 g Joghurt

1/2 TL gemahlener Koriander
1/2 TL gemahlener Kreuzkümmel
1/2 TL Chilipulver
1/4 TL gemahlener Ingwer
1 TL Paprikapulver
1/4 TL Garam Masala
2 Knoblauchzehen
2 Zweige Thymian

### Extratipp

Da der Joghurt beim Grillen verbrennen und eine bittere Kruste bilden könnte, die Joghurtmarinade sorgfältig entfernen.

**1** Das Lammfleisch am Vortag mit Salz und Limettensaft einreiben und 2 bis 3 Stunden bei Zimmertemperatur ruhen lassen.

**2** Den Joghurt in einer ausreichend großen Schüssel mit den Gewürzen und dem Marsala verrühren. Die Knoblauchzehen abziehen, mit einer flachen Messerklinge zerdrücken und ebenfalls unter den Joghurt mischen.

**3** Das Fleisch mit der Joghurtmischung bestreichen und über Nacht marinieren lassen.

**4** Am nächsten Tag das Fleisch mit Küchenkrepp abreiben, um die Joghurtmarinade möglichst vollständig zu entfernen. Thymianzweige in die Mitte der Keule legen und einrollen. Mit Küchengarn binden.

**5** Das Fleisch auf den heißen Rost eines Holzkohlegrills legen und auf jeder Seite 8 bis 10 Minuten grillen. So bekommt es eine schöne Kruste und ist innen – je nach Geschmack – halb roh bis durchgebraten.

**6** Die Lammkeule vor dem Aufschneiden 10 Minuten ruhen lassen und dann in 1 Zentimeter dicke Scheiben schneiden.

**7** Die Scheiben auf sechs vorgewärmte Teller verteilen und zusammen mit Tomaten-Zwiebel-Salat servieren.

# Hähnchenbrust im Speckmantel

## Zutaten

**Für 4 Personen**

8 dünne Scheiben durchwachsener Speck
1/2 Bund Basilikum
4 Hähnchenbrüste, ohne Haut
frisch gemahlener schwarzer Pfeffer
2 EL Olivenöl extra vergine
30 g Butter
1 kleines Bund Schnittlauch
500 ml Hühnerbrühe
100 g Sahne
Salz

**1** Jeweils 2 Scheiben Speck so auf eine Arbeitsfläche legen, dass sie sich etwas überlappen. Einige Basilikumblätter darauf verteilen, die Hähnchenbrüste darauf legen und mit Pfeffer würzen. Den Speck vorsichtig um das Fleisch wickeln und mit Zahnstochern fixieren.

**2** Den Backofen auf 220 °C (Gas Stufe 4–5) vorheizen. Das Olivenöl und die Butter in einer Pfanne erhitzen und die Hähnchenbrüste auf beiden Seiten je 4 Minuten anbraten. In einen Bräter legen und 5 Minuten im Ofen weitergaren.

**3** In der Zwischenzeit den gesäuberten Schnittlauch in Röllchen schneiden. Die Hühnerbrühe in die Pfanne gießen und bei starker Hitze um die Hälfte einkochen lassen. Dabei den Bratensatz mit einem Kochlöffel vom Boden lösen. Die Pfanne von der Kochstelle nehmen, die Sahne und 2 Esslöffel Schnittlauchröllchen einrühren. Mit Salz und Pfeffer abschmecken und warm stellen.

**4** Die Hähnchenbrüste auf vier Tellern verteilen, mit der sahnigen Bratensauce umgießen und mit den restlichen Schnittlauchröllchen bestreuen. Dazu Kartoffelpüree reichen.

# Hähnchenkeulen mit Oliven, Knoblauch und Rosmarin

1 Die Zwiebeln abziehen und grob würfeln. Das Olivenöl in einer schweren Kasserolle erhitzen und die Zwiebeln glasig dünsten.

2 Die Hähnchenkeulen dazugeben und mehrmals wenden, damit sie mit Öl überzogen sind.

3 Das Fleisch etwa 10 Minuten braten, bis es rundherum leicht angebräunt ist. Den Wein angießen.

4 Die Wärmezufuhr verringern, den Topf zudecken und die Keulen etwa 30 Minuten schmoren. Das Fleisch sollte zart und saftig sein.

5 In der Zwischenzeit die Rosmarinzweige abbrausen, gründlich trockenschütteln, die Nadeln abzupfen, die Knoblauchzehen abziehen und beides hacken. Die Oliven entsteinen.

6 Etwa 5 Minuten vor Ende der Garzeit des Hähnchens den Deckel abnehmen und die Wärmezufuhr erhöhen.

7 Rosmarin, Knoblauch, Oliven und Essig dazugeben und mit Salz und Pfeffer würzen. Vorsichtig umrühren und das Gericht sehr heiß servieren.

## Zutaten

**Für 4 Personen**

2 Zwiebeln
4 EL Olivenöl
4 Hähnchenkeulen
120 ml Weißwein
2 Zweige Rosmarin
2 Knoblauchzehen
100 g schwarze Oliven
1 EL Rotweinessig
Salz
frisch gemahlener schwarzer Pfeffer

### Extratipp

Um die Bekömmlichkeit des Knoblauchs zu erhöhen, kann man ihn vor der Zubereitung in Milch einlegen. In jedem Fall ist er kurz gegart am besten verträglich, d. h., man gibt ihn erst ganz am Schluss – meist durchgepresst – an das Gericht.

# Poulardenbrüste mit Morcheln und grünem Spargel

## Zutaten

150 g frische Morcheln
12 Stangen grüner Spargel
2 Schalotten
20 g Butter
4 Poulardenbrüste, ohne Haut
Salz
50 ml Weißwein
100 ml Fleischbrühe
200 ml Sahne
Weißer Pfeffer
1/2 Bund Kerbel

***Beilagentipp***
*Reis, vor allem eine Mischung aus Basmati- und wildem Reis, passt sehr gut zu diesen geschmorten Poulardenbrüsten.*

**1** Die Morcheln halbieren und in kaltem Wasser sehr gründlich waschen, um alle Sandkörner zu entfernen.

**2** Das untere Drittel der Spargelstangen schälen und den letzten Zentimeter abschneiden. Die Spargelstangen in etwa 4 Zentimeter lange Stücke schneiden und über Dampf garen. Der Spargel soll auf jeden Fall knackig bleiben.

**3** Die Schalotten schälen, fein hacken und mit Butter in einer Pfanne andünsten, die Morcheln zugeben und mitdünsten. Die Poulardenbrüste mit Salz würzen und zu den anderen Zutaten in die Pfanne legen.

**4** Mit dem Weißwein, der Brühe und der Sahne ablöschen und bei geringer Hitze garen.

**5** Die Fleischstücke aus der Sauce nehmen und warm stellen.

**6** Währenddessen die Sauce bei kleiner Hitze sämig kochen und mit Salz und Pfeffer abschmecken.

**7** Den Kerbel abbrausen und trockenschütteln.

**8** Die Poulardenbrüste wieder in die Sauce legen und darin wenden, zusammen mit den Morcheln und den Spargelstücken auf Tellern anrichten und mit kleinen Kerbelblättchen garnieren.

# Geschmortes Kaninchen in Senfsauce

**1** Das Kaninchen in portionsgerechte Stücke teilen. 2 Esslöffel Öl in einer großen Pfanne heiß werden, aber nicht rauchen lassen. Darin die Kaninchenteile auf jeder Seite mindestens 5 Minuten kräftig anbraten.

**2** Die Zwiebel schälen, in feine Ringe schneiden und die Knoblauchzehen schälen und zerdrücken.

**3** Das restliche Öl in einem großen Topf erhitzen, aber nicht rauchen lassen. Darin die Zwiebelringe etwa 4 Minuten weich dünsten, jedoch nicht bräunen. Den Knoblauch zugeben und alles zusammen 5 Minuten dünsten.

**4** Wenn das Kaninchen rundum angebräunt ist, das Fleisch abtropfen lassen, eventuell mit Küchenkrepp abtupfen. Zu Zwiebel und Knoblauch geben.

**5** Den Senf, die Brühe und das Wasser zugeben. Alles reichlich salzen sowie pfeffern und gut vermischen.

**6** Die Tomaten waschen, vierteln, zusammen mit dem Lorbeerblatt und den gehackten Kräutern in den Topf zu den Kaninchenteilen geben und alles aufkochen lassen.

**7** Die Hitze reduzieren und das Gericht mit Deckel etwa 45 Minuten schmoren lassen. Dann ohne Deckel weitere 45 Minuten garen, bis das Kaninchenfleisch weich ist. Den Fond gegebenenfalls abbinden.

## Zutaten

1 Kaninchen à 2,5–3 Pfund
60 ml Maisöl
1 große Zwiebel
4 Knoblauchzehen
80 g Dijonsenf oder grobkörniger Moutarde de Meaux
180 ml Kalbs- oder Hühnerbrühe
1/4 l Wasser
Salz
Schwarzer Pfeffer aus der Mühle
3 Eiertomaten
1 Lorbeerblatt
2 EL glatte Petersilie, gehackt
1 EL Salbei, gehackt

### EXTRATIPP

Eine einfache Pasta oder ein Spinatgratin runden dieses geschmorte Kaninchen geschmacklich hervorragend ab.

# Sahnige Pie mit Hähnchenbrust und Lauch

## Zutaten

**Für 6 bis 8 Personen**

**Für die Pie**

150 g Rahmkäse
90 g Butter
250 g Mehl
3 Eigelb
1 EL Öl
getrocknete Erbsen zum Blindbacken

**Für die Füllung**

750 g Hähnchenbrust, ohne Knochen und Haut
2 Stangen Lauch
3 Scheiben Frühstücksspeck
2 Knoblauchzehen
1 EL Pflanzenöl
50 g Butter
2 EL Mehl
125 ml trockener Weißwein
250 ml Milch
3 EL geriebener Cheddar
2 EL geriebener Parmesan
2 TL grobkörniger Senf
1 EL frisch gehackter Thymian
Salz, frisch gemahlener schwarzer Pfeffer

**1** Die Pie-Zutaten zu einem glatten Teig kneten, zudecken und 1/2 Stunde kühl ruhen lassen. Den Backofen auf 200 °C (Gas Stufe 3–4) vorheizen. Eine Pie-Form von 25 Zentimeter Durchmesser mit Öl ausfetten. Den Teig halbieren. Eine Hälfte zu einem Kreis ausrollen und den Boden und die Wände der Form damit auskleiden.

**2** Den Boden mit Backpapier auslegen, mit Erbsen belegen und 15 Minuten blind backen. Die Erbsen entfernen und den Teig weitere 10 Minuten backen, bis er etwas Farbe hat; abkühlen lassen.

**3** Die Hühnerbrüste klein schneiden. Den Lauch waschen und in Ringe schneiden. Den Frühstücksspeck und den abgezogenen Knoblauch hacken. Das Öl in einer Pfanne erhitzen und die Hähnchenbrust unter Rühren darin anbräunen. Das Fleisch herausnehmen, Lauch, Speck und Knoblauch hineingeben und etwa 5 Minuten garen, bis der Lauch weich ist; laufend rühren.

**4** Die Butter und das Mehl hinzufügen und 5 Minuten weitergaren. Die Pfanne von der Kochstelle nehmen und nach und nach den Wein und die Milch hineingießen. Die Pfanne auf die Herdplatte zurückstellen und die Mischung aufkochen und eindicken.

**5** Den geriebenen Käse, Senf, Thymian und das Fleisch untermischen. Mit Salz und Pfeffer würzen; abkühlen lassen. Die Füllung auf dem Pie-Boden verteilen. Das restliche Eigelb mit 2 Teelöffeln Wasser verquirlen und die Teigränder damit bestreichen.

**6** Die zweite Hälfte des Teigs zu einem Kreis ausrollen und auf die Füllung setzen. Die Ränder fest zusammendrücken, überschüssigen Teig abschneiden und Wellen in den Teigrand drücken. Den Deckel mit Eigelb bestreichen, mit Teigblättern verzieren, an zwei Stellen einritzen und die Pie etwa 35 Minuten bei 200 °C (Gas Stufe 3–4) im Ofen backen, bis sie goldbraun ist.

# Maurische Fleischspießchen

## Zutaten

**Für 4 Personen**

2 Knoblauchzehen
1 TL gemahlener Kreuzkümmel
gemahlener Koriander
etwas Cayennepfeffer
1 EL Paprikapulver edelsüß
Salz, frisch gemahlener schwarzer Pfeffer
5 EL Olivenöl extra vergine
1 EL Zitronensaft
600 g Schweinefilet
8 Schaschlikspieße
1 Bund glatte Petersilie

**1** Die Knoblauchzehen abziehen, durchpressen und mit den Gewürzen, Öl und Zitronensaft zu einer Marinade verrühren.

**2** Das Fleisch in Faserrichtung in 7 Zentimeter lange, dünne Streifen schneiden. In der Marinade wenden und 2 Stunden zugedeckt kühl stellen.

**3** Danach die Fleischstreifen wellenförmig auf die Spieße stecken und auf dem Grillrost von jeder Seite 2 bis 3 Minuten grillen oder in der Pfanne braten.

**4** Die Petersilienblätter abzupfen, auf Teller verteilen und die Fleischspieße darauf anrichten.

# Saltimbocca alla Romana

## Zutaten

**Für 4 Personen**

8 kleine Kalbsschnitzel
Salz, frisch gemahlener schwarzer Pfeffer
16 große Salbeiblätter
8 Scheiben Parmaschinken
1 EL Mehl
4 EL Pflanzenöl
50 g Butter
1/8 l Weißwein

**1** Die Kalbsschnitzel dünn klopfen. Salzen, pfeffern und jeweils 2 Salbeiblätter auf eine Scheibe legen. Danach je eine Scheibe Schinken darauf

legen, andrücken und mit zwei Zahnstochern den Schinken und die Salbeiblätter am Fleisch feststecken.

**2** Die Schnitzel leicht mit Mehl bestäuben und dann im sehr heißen Öl von beiden Seiten kurz braun braten.

**3** Dann erst die Butter zufügen und mit dem Weißwein aufgießen. Die Sauce leicht einköcheln lassen. Zu den Kalbsschnitzeln Safranreis oder breite Nudeln reichen.

# Kalbszunge in Kapernsauce

1 Die Kalbszunge waschen und in einen großen Topf legen. 1 Teelöffel Salz hinzufügen und die Zunge mit kaltem Wasser bedeckt bei mittlerer Hitze 45 Minuten kochen. Aus der Brühe nehmen, kalt abschrecken und häuten.

2 Die Zwiebeln abziehen und in Scheiben schneiden. Tomaten waschen und grob würfeln. Petersilie, Fenchelgrün und Sellerieblätter waschen. Die Hälfte der Blättchen und zarten Stiele der Kräuter und des gesamten Selleriegrüns grob hacken.

3 In einem Schmortopf das Öl bei mittlerer Hitze heiß werden lassen und die Zwiebeln darin glasig dünsten. Die Tomaten unterrühren und kurz mitschmoren. Die Zunge hineingeben und von beiden Seiten anbraten.

4 Die gehackten Kräuter, das Selleriegrün und das Lorbeerblatt dazugeben und mit so viel Zungenbrühe aufgießen, dass alles bedeckt ist. Den Topf schließen und die Zunge etwa 30 Minuten schmoren lassen.

5 Die Zunge aus der Sauce nehmen und warm halten. Das Lorbeerblatt entfernen. Die Sauce durch ein Sieb passieren oder mit einem Mixstab pürieren.

6 Die Speisestärke in etwas Kapernflüssigkeit verrühren, unter die Sauce mischen und aufkochen. Die Kapern hineingeben, alles mit Salz, Pfeffer und Zimt abschmecken.

7 Die Zunge in Scheiben schneiden, auf vorgewärmte Teller verteilen, mit etwas Sauce begießen und mit den restlichen Kräutern garniert servieren. Dazu in Olivenöl gebackene oder in Brühe gekochte Kartoffeln reichen.

## Zutaten

**Für 4 Personen**

1 küchenfertige Kalbszunge von 800 g
Salz
3 Zwiebeln
4 Tomaten
1 Bund glatte Petersilie
4 kleine Zweige Fenchelgrün
3–4 Blätter Selleriegrün
4 EL Olivenöl
1 Lorbeerblatt
2 TL Speisestärke
60 g Kapern
frisch gemahlener schwarzer Pfeffer
etwas gemahlener Zimt

# Rumpsteaks in Pizzaiola

## Zutaten

**Für 4 Personen**

**Für die Sauce**

3 Zwiebeln
3 EL Olivenöl extra vergine
2–3 Knoblauchzehen
1 Dose Pilati-Tomaten
150 g Tomatenmark
1 Lorbeerblatt
1 EL Oregano
1/2 Bund Basilikum
2 TL Zucker
1 EL Salz
frisch gemahlener schwarzer Pfeffer

**Für das Fleisch**

4 Rumpsteaks
Salz
frisch gemahlener schwarzer Pfeffer
2–3 EL Pflanzenöl

**1** Für die Pizzaiola die Zwiebeln schälen und fein hacken. Das Öl in einem großen Topf erhitzen und die Zwiebeln darin glasig dünsten. Den Knoblauch schälen, ebenfalls fein hacken und zu den Zwiebeln geben und alles 2 Minuten weiter dünsten.

**2** Die Tomaten im Saft leicht mit einer Gabel zerdrücken und zusammen mit dem Tomatenmark, dem Lorbeerblatt und den gesäuberten und fein gehackten Kräutern zu der Zwiebel-Knoblauch-Mischung geben.

**3** Die Sauce aufkochen und etwa 1 Stunde offen einkochen lassen. Mit Zucker, Salz und Pfeffer abschmecken und zum Schluss das Lorbeerblatt entfernen.

**4** Die Rumpsteaks salzen und pfeffern und im heißen Öl scharf anbraten. Danach bei kleiner Hitze garen und mit der Sauce bedeckt servieren. Dazu einfach Weißbrot und einen Salat reichen.

*Tipp*
Die Pizzaiola wird gerne zu Fleisch und Pizzas verwendet. Zu Pastagerichten sollte man die Sauce aber durch ein Sieb passieren.

# Geschmortes Rinderfilet in Cabernet Sauvignon

**1** Die Knoblauchzehen abziehen und längs in Scheiben schneiden, den Speck in Streifen schneiden. Kleine Schnitte in das Filet in Faserrichtung machen und mit Knoblauch, Speck und abgezupften Rosmarinnadeln spicken.

**2** Das Fleisch salzen und pfeffern, in den Parmaschinken wickeln und die Schinkenscheiben mit Küchengarn fixieren.

**3** Öl und Butter in einem Bratentopf, der gerade groß genug für das Rinderfilet ist, erhitzen und das Fleisch von allen Seiten leicht anbraten. Herausnehmen und beiseite stellen.

**4** Die Zwiebeln abziehen und würfeln. Den Sellerie putzen und in Scheiben schneiden. Beides im Bratentopf andünsten, bis die Zwiebeln glasig sind.

**5** Das Fleisch zurück in den Topf geben, mit dem Wein aufgießen und aufkochen. Das Filet mit einem feuchten Blatt Pergamentpapier bedecken und mit leicht geöffnetem Deckel 25 bis 30 Minuten schmoren.

**6** Das Filet herausnehmen, die Sauce abschmecken und eventuell mit etwas Rinderbrühe verlängern.

**7** Das Fleisch in Scheiben schneiden, auf sechs Tellern anrichten und mit der Sauce übergießen. Zu dem geschmorten Rinderfilet gebratene Polentascheiben reichen.

## Zutaten

**Für 6 Personen**

4 Knoblauchzehen
50 g Speck
1,2 kg Rinderfilet am Stück
1 Bund Rosmarin
Salz, frisch gemahlener schwarzer Pfeffer
200 g Parmaschinken in Scheiben
2 EL Olivenöl extra vergine
4 EL Butter
2 rote Zwiebeln
4 Stangen Staudensellerie
500 ml Cabernet Sauvignon
etwas Rinderbrühe (bei Bedarf)

### EXTRATIPP

Sollte das Rinderfilet eine Spitze haben, bitte so zusammenlegen, dass es überall die gleiche Dicke hat, da die Bratzeit nicht nur vom Gewicht, sondern auch von der Bratenhöhe anhängig ist.

# Frisch aus dem Meer

Das Meer – erfrischend, belebend und auch eine Offenbarung für den Gaumen! Wenn der Duft von pikant sautierten Shrimps, einer mediterranen Fischpfanne mit Tomaten und Knoblauch, einer Meeresfrüchte-Minestrone oder von Thunfischmedaillons in Sesamkruste in der Luft liegt, dann schwebt gleichsam eine frische Seebrise durch die Räume. Dazu ein Glas Weißwein, und der Horizont für kulinarische Genüsse aus dem Reich Poseidons scheint sich zu öffnen.

Drei verschiedene Fischfilets bilden die Grundlage für den Positano-Fischtopf.

# Seeteufel mit Rosmarin gebraten und Peperonata-Sauce

## Zutaten

**Für die Sauce**

120 g Zucchini
1 rote Paprika
1 gelbe Paprika
1 Zwiebel
150 g Tomaten aus der Dose (Pelati)
3 Knoblauchzehen, gepresst
50 ml kaltgepresstes Olivenöl
10 schwarze Oliven,
entsteint und fein gehackt
50 ml Weißwein
80 ml Sahne
100 g Tomatensaft (Pelati)
Salz
Schwarzer Pfeffer aus der Mühle
1 Thymianzweig

**Für den Fisch**

600 g Seeteufelfilet, pfannenfertig
ohne Mittelknochen
2 Rosmarinzweige
Salz
Schwarzer Pfeffer aus der Mühle
1 Knoblauchzehe, zerdrückt
10 g Butter
50 ml kaltgepresstes Olivenöl

**1** Für die Peperonata-Sauce die Zucchini und die Paprika putzen, abbrausen und in kleine Würfelchen schneiden. Die Zwiebel und die Tomaten fein hacken.

**2** Die Zwiebel und den Knoblauch im Olivenöl andünsten. Das Gemüse und die Oliven zufügen und mitdünsten. Mit dem Weißwein ablöschen und Tomaten, Sahne und Tomatensaft zugeben. Alles aufkochen und etwa 10 Minuten bei schwacher Hitze kochen lassen, dann mit Salz, Pfeffer und dem fein gehackten Thymian würzen.

**3** Den Seeteufel in Medaillons schneiden. Die Rosmarinzweige

abbrausen, trockenschütteln und die Nadeln vom Stiel zupfen. Die Medaillons mit Salz, Pfeffer, Knoblauch und Rosmarinnadeln würzen sowie in heißer Butter und Olivenöl von beiden Seiten kurz anbraten.

***Beilagentipp***

*Sehr gut passen zu diesem Fischgericht Rosmarin-Pattatini. Dazu 300 Gramm kleine Kartoffeln in der Schale kochen, die anschließend in 50 Milliliter heißem Olivenöl und 1 Teelöffel fein gehacktem Rosmarin sowie etwas Salz goldbraun gebraten werden.*

# Piccata vom Lachs mit Oliven-Spaghettini

## Zutaten

250 g Spaghettini
Salz
12 schwarze Oliven, entsteint
2 Zweige glatte Petersilie
80 ml kaltgepresstes Olivenöl
3 Thymianzweige
100 ml Gemüsebrühe
150 ml Sahne
1 Ei
30 g Parmesan, gerieben
8 Lachsschnitzel (je ca. 50 g)
3 EL Mehl
Frische Kräuter

**1** Die Spaghettini in Salzwasser »al dente« kochen, kalt abschrecken und in einem Sieb abtropfen lassen. Die Oliven in Streifen schneiden.

**2** Die Petersilie abbrausen, trockenschütteln, die Blätter abzupfen und fein hacken. Die Hälfte des Olivenöls erhitzen und die Spaghettini darin schwenken, die Olivenstreifen und die Petersilie beigeben; gut umrühren und mit Salz würzen.

**4** Das Ei verquirlen und mit dem geriebenen Parmesan vermengen. Die Lachsschnitzel mit Salz leicht würzen, im Mehl wenden, durch die Eimasse ziehen. Das restliche Olivenöl in einer Pfanne erhitzen und darin die Lachsschnitzel in etwa 1–2 Minuten von beiden Seiten goldgelb braten.

**5** Aus der Pfanne heben und je 2 Fischstücke auf eine Tellerhälfte legen. Die Olivenspaghettini daneben anrichten, mit der Sauce umgießen und mit den zuvor gewaschenen Kräutern garnieren.

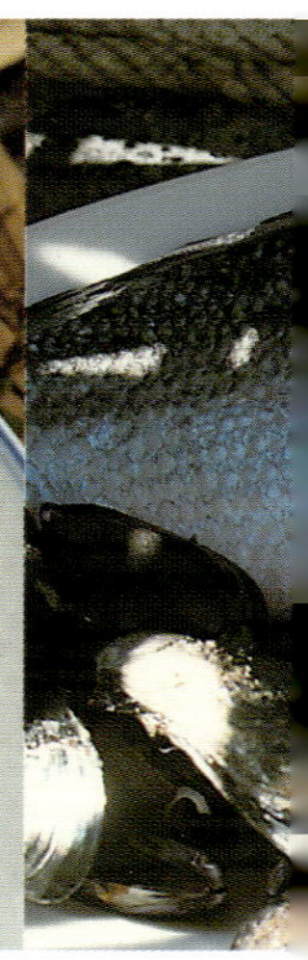

**3** Für die Sauce die gewaschenen Thymianblättchen von den Zweigen streifen, grob hacken und zusammen mit der Brühe und der Sahne in ein Pfännchen geben. Bei geringer Hitze zu einer leicht sämigen Sauce einkochen und mit Salz würzen.

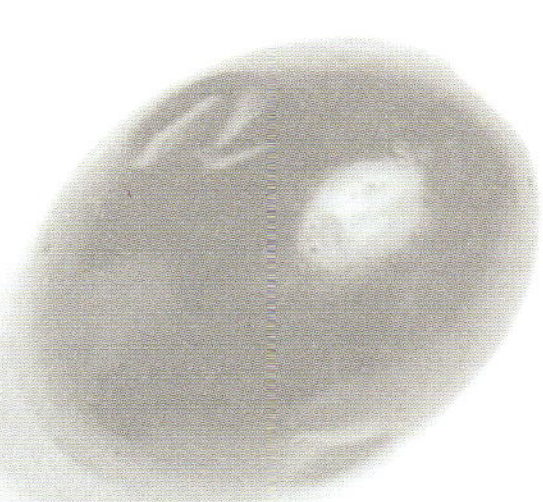

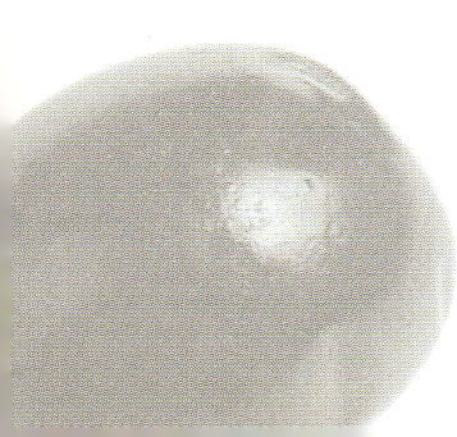

# Meeresfrüchtesalat mit Chilidressing

**1** Die Garnelen aus der Schale lösen. Die Schalen und Köpfe beiseite legen. Jeweils den dunklen Darmtrakt entfernen, jede Garnele am Rücken tief einschneiden und zu einem »Schmetterling« auseinander klappen. In stark gesalzenes Eiswasser legen und 2 Minuten zwischen den Fingern reiben. Abtropfen lassen und abspülen.

**2** Das Fleisch der Jakobsmuscheln je nach Größe waagerecht in 2 oder 3 Scheiben schneiden.

In die äußere Oberfläche eine Rauten-Kreuz-Schraffierung schneiden. Die Tentakel in 4 Stücke teilen. Garnelen, Jakobsmuscheln, Tintenfischtentakel und Goldbrassenstücke in Olivenöl, Salz und Pfeffer wenden.

**3** Den Wein in einen großen Topf geben. Die Miesmuscheln hineingeben und bei großer Hitze etwa 2 Minuten zugedeckt kochen, bis sich die guten geöffnet haben. Den Sud durch ein Sieb in einen anderen Topf gießen; geschlossene Muscheln aussortieren. Zu dem Sud die Garnelenschalen und -köpfe sowie Petersilienstängel, Selleriestückchen und Limonenblatt geben, zum Kochen bringen und etwa 20 Minuten leicht einkochen lassen. Man benötigt 2–3 Esslöffel Brühe. Diese durch ein Sieb in eine große Schüssel gießen.

**4** Die Miesmuscheln ganz öffnen und auf der halben Schale lassen. Die Chilischote und die Schalotte in die Brühe geben. Die Hälfte des Olivenöls und den Limonensaft zugeben, mit Salz und Pfeffer würzen und die Muscheln darin wenden. Die Salatblätter mit dem restlichen Öl und etwas Aceto balsamico anmachen und pfeffern.

**5** In einer sehr heißen Rillengrillpfanne Garnelen, Jakobsmuscheln, Tintenfisch und Goldbrassenstücke kurz anbraten und noch warm im Salat wenden. Zum Abschluss mit den Petersilienblättern bestreuen.

## Zutaten

**Für 6 Personen**

12 große Garnelen (Tigerprawns)
Salz
4 Jakobsmuscheln, geputzt und aus der Schale gelöst
450 g gereinigte Tintenfischröhren
450 g Goldbrassenfilet, gehäutet und in mundgerechte Stücke geschnitten
4 EL kaltgepresstes Olivenöl
Weißer Pfeffer
150 ml trockener Weißwein
20 Miesmuscheln, geputzt
2 Stangen Staudensellerie, gehackt
1 Limonenblatt
1 kleine scharfe rote Chilischote, sehr fein gewürfelt
1 Schalotte, sehr fein gewürfelt
5 EL kaltgepresstes Olivenöl
1 unbehandelte Limone, ausgepresst
200 g gemischte Salatblätter (z. B. Rucola-, Endivien- und Feldsalat oder Radicchio, Lollo Rosso und Wasserkresse)
Einige Tropfen Aceto balsamico
1 Hand voll glatte Petersilienblätter

# Muscheln mit Knoblauch, Kapern und Kräutern

## Zutaten

900 g frische Miesmuscheln
100 ml Weißwein
1 Scheibe einer unbehandelten Zitrone
6 EL kaltgepresstes Olivenöl
2 Schalotten

1 Knoblauchzehe
2 EL fr sche Petersilie
1 EL Majoran
1/2 TL edelsüßes Paprikapulver
1/4 TL getrocknete Chiliflocken
1 EL Kapern

**1** Die Muscheln gründlich bürsten und beschädigte Exemplare, die sich bei Beklopfen nicht schließen, wegwerfen.

**2** Die Muscheln in einen großen Topf geben, 250 Milliliter Wasser, den Weißwein und die Zitronenscheibe dazugeben und 3–4 Minuten sprudelnd kochen lassen.

**3** Die geöffneten Muscheln herausnehmen, die noch geschlossenen entfernen. Die Muscheln aus der Schale lösen und auf Küchenpapier abtropfen lassen.

**4** Das Olivenöl in einer Pfanne erhitzen und die Muscheln unter Rühren etwa 1 Minute braten, dann aus der Pfanne nehmen.

**5** Die Schalotten und die Knoblauchzehe schälen. Die Schalotten in Ringe und den Knoblauch in feine Scheiben schneiden.

**6** Die Schalottenringe und Knoblauchscheiben in der noch heißen Pfanne zugedeckt bei geringer Hitze in etwa 5 Minuten weich dünsten.

**7** Vom Herd nehmen und die zuvor gewaschene und gehackte Petersilie sowie Majoran, Paprika, Chili und Kapern unterrühren.

**8** Die Muscheln samt Flüssigkeit zugeben und wieder kurz erhitzen. Vom Herd nehmen und 1–2 Minuten zugedeckt durchziehen lassen, dann sofort servieren.

***Übrigens …***
*Stilecht werden diese delikaten Miesmuscheln mit Cocktailspießen verzehrt, und man reicht einfach Weißbrot dazu.*

# Goldbrasse mit Steinpilzen in Teigkruste

## Zutaten

**Für den Mürbteig**

1/2 kg Mehl
175 g Butter (Zimmertemperatur)
1 Ei
3 EL gehackte Kräuter
(Rosmarin und Thymian)
15 cl Wasser, lauwarm
Salz

**Für den Fisch**

2 Goldbrassen à 400 g, ausgenommen
3–4 Petersilienzweige
1 Knoblauchzehe
3–4 Pfefferkörner, zerdrückt
150 g frische junge Steinpilze,
in feine Scheiben geschnitten
Salz
Weißer Pfeffer
Kaltgepresstes Olivenöl

**1** Das Mehl mit der weichen Butter verkneten, dann das Ei, die Kräuter und schließlich das Wasser und das Salz einarbeiten. Den Teig 2 Stunden im Kühlschrank ruhen lassen.

**2** Den Fisch mit Petersilie, der Knoblauchzehe, den Pfefferkörnern und den Pilzen füllen, anschließend salzen und leicht pfeffern. Den Backofen auf 220 °C vorheizen.

**3** Den Mürbteig sehr dünn ausrollen (nicht stärker als 3 Millimeter ) und den Fisch damit umhüllen. Die Teigränder gut andrücken, damit der Fisch wirklich fest eingepackt ist.

**4** Das Paket in eine mit dem Olivenöl ausgefettete Backform legen und im Ofen für etwa 25 Minuten backen. Der Teig sollte ein goldbraune Farbe haben.

*Sollte Mürbteig übrig bleiben, kann dieser bis zu seiner Verwertung gut im Tiefkühlfach aufbewahrt werden.*

# Meeresfrüchte-Minestrone

**1** Etwa 4 Stunden vor dem Kochen die Kabeljaufilets mit 1 Esslöffel Salz bestreuen und zugedeckt in den Kühlschrank stellen.

**2** 30 Minuten vor dem Kochen die Miesmuscheln sorgfältig abbürsten, die Bärte entfernen und die Muscheln aussortieren, die beschädigt sind oder sich bei leichtem Klopfen nicht schließen.

**3** Die Venus- oder Herzmuscheln abbürsten. Den Tintenfisch putzen und in Ringe schneiden. Den Kabeljau abspülen, eventuell häuten und in mundgerechte Stücke schneiden.

**4** Karotte, Zwiebel und Kartoffeln schälen und würfeln. Fenchel, Sellerie und Zucchini putzen und in Scheiben schneiden. Die Chilischote waschen, entkernen und in Ringe schneiden.

**5** Das Gemüse in einer schweren Pfanne im Olivenöl weich dünsten. Die Fischbrühe zugeben, aufkochen und für etwa 10 Minuten leicht kochen lassen.

**6** Wer will, kann für ein noch intensiveres Aroma die Brühe jetzt etwa 1 Stunde schwach ziehen lassen. Die Brühe wieder aufkochen lassen, die Suppenpasta hineingeben und bei geschlossenem Deckel etwa 3 Minuten kochen lassen.

**7** Die Miesmuscheln und die Venus- oder Herzmuscheln zugeben und das Ganze zugedeckt 2 Minuten kochen. Schließlich den Kabeljau und den Tintenfisch zufügen sowie alles mit Salz und Pfeffer würzen.

**8** Die Hitze reduzieren und die Minestrone ohne Deckel schwach kochen lassen, bis der Tintenfisch gerade eben gar und nicht mehr durchsichtig ist.

**9** Zum Schluss die Suppe in große Suppenteller geben, mit 1–2 Esslöffeln Olivenöl beträufeln und mit ganzen Petersilienblättern bestreuen.

## Zutaten

**Für 8 Portionen**

450 g Kabeljaufilet
Salz
450 g Miesmuscheln
450 g andere Seemuscheln
(z. B. Venus- oder Herzmuscheln)
450 g Tintenfisch
1 Karotte
1 Zwiebel
200 g Kartoffeln
1 Fenchel
1 Stange Staudensellerie
1 Zucchini
1 scharfe rote Chilischote
5 EL kaltgepresstes Olivenöl
2 l Fischbrühe
225 g Suppenpasta
Schwarzer Pfeffer aus der Mühle
Etwas kaltgepresstes Olivenöl
Eine Hand voll glattblättrige Petersilie

# Toskanischer Riesenkrevetteneintopf mit Bohnen, Salbei und Oliven

## Zutaten

300 g weiße Bohnen
Salz
8 Tomaten
50 ml kaltgepresstes Olivenöl
800 g Riesenkrevetten,
ohne Schale und Darm
4 Knoblauchzehen, geschält
Schwarzer Pfeffer aus der Mühle
6 grüne Oliven, entsteint
6 schwarze Oliven, entsteint
1/2 Bund Basilikum,
davon 4 Blätter beiseite legen,
der Rest fein gehackt
8 Blätter Salbei,
davon die Hälfte fein geschnitten
2 EL glatte Petersilie, gehackt

**1** Die Bohnen über Nacht in kaltem Wasser einweichen und am Tag der Verwendung in leicht gesalzenem Wasser knackig kochen.

**2** Die Tomaten oben kreuzweise einritzen, für etwa 15 Sekunden in kochendes Wasser tauchen, kalt abschrecken, häuten (den Strunk herausschneiden), vierteln (die Kerne entfernen) und in Würfel schneiden.

**3** Das Olivenöl erhitzen und die Riesenkrevetten darin anbraten. Die geschälten Knoblauchzehen und die Tomaten zufügen sowie alles mit Salz und Pfeffer würzen.

**4** Die gekochten, gut abgetropften Bohnen, die Oliven und die gehackten Kräuter unterrühren und alles erhitzen.

**5** Abschließend den Riesenkrevetteneintopf auf Tellern anrichten und mit den Basilikum- und den Salbeiblättern dekorativ garnieren.

***Beilagentipp***
*Dazu können sowohl Salz- als auch Bratkartoffeln oder ein knackig frischer Blattsalat gereicht werden. Auch kalt schmeckt dieser Riesenkrevetteneintopf sehr gut.*

# Rotbarbenfilets mit Basilikum, Oliven, Knoblauch und Zitrusfrüchten

**1** Die Fischfilets nebeneinander in eine flache feuerfeste Form legen. Mit Olivenöl begießen und mit Pfefferkörnern bestreuen. Einige Orangenscheiben gleichmäßig auf den Fischfilets verteilen und zugedeckt im Kühlschrank mindestens 4 Stunden marinieren.

**2** Die Zitrone halbieren. Eine Hälfte mit einem scharfen Messer schälen und in feine Scheiben schneiden. Die andere Hälfte auspressen.

**3** Die Fischfilets aus der Marinade nehmen und mit Küchenpapier trockentupfen. Die Marinade beiseite stellen, den Fisch mit Salz und Pfeffer würzen und danach kurz im Mehl wenden.

**4** In einer Pfanne 3 Esslöffel der Marinade erhitzen und die Fischfilets darin von jeder Seite etwa 2 Minuten anbraten. Aus der Pfanne nehmen und warm stellen. Die Marinade aus der Pfanne wegschütten.

**5** Die Butter erhitzen, mit der restlichen Marinade verrühren und darin die Sardellen anbraten. Danach die halbierten Oliven und den Knoblauch zugeben.

**6** Den Orangen- und den Zitronensaft angießen und abschmecken. Etwas einkochen lassen, dann das Basilikum unterziehen. Die Sauce über den Fisch gießen und mit den restlichen Orangen- und Zitronenscheiben pikant garnieren.

## Zutaten

4 Rotbarben, je ca. 225 g, filetiert
6 EL kaltgepresstes Olivenöl
10 Pfefferkörner, zerdrückt
2 unbehandelte Orangen, eine geschält und in Scheiben geschnitten, eine ausgepresst
1 unbehandelte Zitrone
Salz
Schwarzer Pfeffer aus der Mühle
2 EL Mehl
1 EL Butter
2 Sardellen (Dose), gehackt
8 schwarze Oliven, entsteint
6 grüne Oliven, entsteint
2 Knoblauchzehen, gepresst
1/2 Bund frisches Basilikum, in feine Streifen geschnitten

### Extratipp

Sie können für dieses Rezept auch andere Fische nehmen, etwa Seezunge, Schellfisch oder Seehecht. Rotbarben sind überall am Mittelmeer sehr beliebt. Dieses italienische Rezept kombiniert Fisch mit Orangen und Zitronen, die man dort praktisch vor der Haustür pflücken kann.

# Pikant sautierte Shrimps

## Zutaten

**Für 4 Personen**

4 Eiertomaten
450 g rohe Shrimps
2 TL Weizenmehl
Salz, frisch gemahlener schwarzer Pfeffer
2 TL gemahlener Kreuzkümmel
1 TL Paprikapulver edelsüß
150 ml Weißwein
1 Limettenblatt
10 schwarze Pfefferkörner
12 Safranfäden
1 Peperoncino
8 Frühlingszwiebeln
2 Knoblauchzehen
1 Stück (4 cm) Ingwer
6 EL Olivenöl extra vergine
Saft von 1/2 Zitrone

**1** Die Tomaten blanchieren und häuten. Das Fruchtfleisch halbieren, entkernen und würfeln.

**2** Die Shrimps schälen und die Köpfe abschneiden. Die Köpfe und Schalen aufheben. Am Rücken einschneiden und die Darmfäden entfernen. Mehl, je 1 Teelöffel Salz und Pfeffer, Kümmel und Paprika vermischen und die Shrimps darin wenden.

**3** Köpfe und Schalen der Shrimps mit Wein, Tomatenkernen, Limettenblatt und Pfefferkörnern in einem kleinen Topf aufkochen und 15 Minuten bei schwacher Hitze kochen. Die Flüssigkeit durch ein Sieb in einen zweiten Topf passieren, bei starker Hitze auf etwa 4 Esslöffel einkochen lassen. Danach die Safranfäden hineingeben.

**4** Den Stielansatz der Peperoncino abschneiden, die Schote halbieren und entkernen. Das Fruchtfleisch in feine Streifen schneiden. Die Frühlingszwiebeln putzen und in Ringe schneiden. Den Knoblauch abziehen und würfeln. Den Ingwer schälen und reiben.

**5** Das Olivenöl bei mittlerer Hitze in einer großen, schweren Pfanne erhitzen. Tomatenwürfel, Peperoncino, Frühlingszwiebeln, Knoblauch und Ingwer hineingeben und 1 Minute unter Rühren anbraten.

**6** Die Safranbrühe und den Zitronensaft in die Pfanne gießen und umrühren. Die Shrimps dazugeben und etwa 2 Minuten dünsten, bis sie gerade gar sind und eine rosa Farbe angenommen haben. Das Gericht mit Salz und Pfeffer pikant abschmecken.

### Extratipp

Wer möchte, kann die Shrimps noch mit Korianderblättchen hübsch garnieren.

# Gebratener Steinbutt mit Gurken-Koriander-Salat

## Zutaten

**Für 4 Personen**

4 große Filetstücke vom Steinbutt (à ca. 200 g), ohne Haut
Öl zum Braten

**Für die Marinade**

400 ml ungesüßte Kokosmilch
8 Kaffernlimettenblätter (Asialaden)
1 Limone, geachtelt
1 rote Chilischote, geputzt und entkernt
1 EL asiatische Fischsauce
2 EL frisch geriebener Ingwer

**Für den Salat**

1 große Salatgurke
1/8 l Zitronensaft
125 g sehr feiner Zucker
1/2 TL Salz
250 g frische Korianderblätter

**1** Den Backofen auf 200 °C (Gas Stufe 3–4) vorheizen. Die Marinadenzutaten 1 Minute im Mixer pürieren. Den Fisch in eine Schüssel (kein Metall) legen, mit der Marinade übergießen und mindestens 12 Stunden im Kühlschrank ziehen lassen. Dabei gelegentlich wenden.

**2** Die Gurke schälen, halbieren, die Kerne entfernen, in feine Streifen hobeln (oder in dünne Halbringe schneiden). In einer Schüssel (kein Metall) mit dem Zitronensaft, dem Zucker und dem Salz vermischen und in den Kühlschrank stellen.

**3** Einige Esslöffel Öl in eine flache, feuerfeste Form geben und die Form im Ofen erhitzen. Den Fisch mit der Marinade hineingeben – dabei darauf achten, dass er nicht zerfällt – und 4 bis 8 Minuten (die Garzeit hängt von der Dicke des Filets ab) im Ofen garen.

**4** In der Zwischenzeit die Flüssigkeit möglichst vollständig aus der Gurke herauspressen. Die Gurke mit den Korianderblättern mischen und den Fisch darauf anrichten. Eine sättigende Mahlzeit erhalten Sie, wenn Sie dazu noch gekochten Vollkornreis reichen.

# Mediterrane Fischpfanne mit Tomaten und Knoblauch

**1** Den Kabeljau abbrausen, mit einem Küchenpapier trockentupfen und in mundgerechte Stücke zerteilen. Die Tintenfische putzen und in feine Scheiben schneiden. Die Scampi abspülen und abtropfen lassen. Die Muscheln abbürsten, die Barthaare entfernen und abtropfen lassen.

**2** Die Zwiebeln schälen und in kleinere Würfel schneiden. Das Öl in einer Pfanne erhitzen und die Zwiebelwürfel darin anrösten. Die Meeresfrüchte zugeben und alles etwa 10 Minuten braten, bis sich die Muscheln geöffnet haben.

**3** Die Petersilie abbrausen, trockenschütteln, die Blättchen abzupfen und fein hacken. Den Knoblauch schälen und durch die Presse drücken. Die Tomaten blanchieren, häuten, entkernen und das Fruchtfleisch in Würfel schneiden.

**4** Petersilie, Knoblauch und Tomatenwürfel zu den Meeresfrüchten geben und mit Salz und Pfeffer pikant abschmecken. Mit dem Weißwein und dem Weinbrand ablöschen.

**5** Die Fischpfanne 15 Minuten ziehen lassen und kurz vor dem Anrichten den Limettensaft darüber träufeln.

## Zutaten

**Für 4 Personen**

350 g Kabeljau
350 g Tintenfisch
200 g Scampi
350 g frische Miesmuscheln in der Schale
2 Zwiebeln
5 EL Olivenöl
1/2 Bund Petersilie
2 Knobauchzehen
5 Eiertomaten
Salz, weißer Pfeffer
1/4 l trockener Weißwein
1 EL Weinbrand
Saft von 1/2 Limette

# Goldbrasse mit Oliven und gerösteten Tomaten

## Zutaten

**Für 4 Personen**

12 Eiertomaten
Salz, frisch gemahlener schwarzer Pfeffer
etwas Zucker
250 ml Olivenöl extra vergine
600 g Kartoffeln
3 Knoblauchzehen
6 EL Semmelbrösel
10 Basilikumblätter
1 Goldbrasse (küchenfertig geschuppt), ca. 900 g
20 schwarze Oliven
150 ml Weißwein
Saft von 1 Zitrone

### Extratipp

Wirklich fangfrische Fische erkennt man an den leuchtend roten Kiemen. Wenn man sie vor der Zubereitung mit reichlich Zitronensaft beträufelt, mildert dies den Fischgeruch und festigt das Fischfleisch.

**1** Die Tomaten waschen, längs halbieren und mit der Schnittfläche nach oben in eine Auflaufform setzen. Mit Salz, Pfeffer und Zucker bestreuen und mit 2 Esslöffeln Olivenöl beträufeln.

**2** Im auf 250 °C (Gas Stufe 6) vorgeheizten Ofen 40 Minuten backen.

**3** In der Zwischenzeit die Kartoffeln schälen, in 1 Zentimeter dicke Scheiben schneiden und in kochendem Wasser 8 Minuten blanchieren.

**4** Die Knoblauchzehen abziehen, durchpressen und mit den Semmelbröseln vermischen.

**5** Eine Auflaufform mit Olivenöl ausfetten, mit den Kartoffelscheiben auslegen und diese wieder mit Öl bestreichen. Den Fisch mit Salz und Pfeffer würzen.

**6** Die Basilikumblätter in der Mitte platzieren und den Fisch darauflegen. Die Tomaten darum verteilen und die Oliven dazugeben. Mit dem restlichen Olivenöl und dem Weißwein begießen und den Semmelbröseln bestreuen.

**7** 15 Minuten bei 200 °C (Gas Stufe 3–4 ) im Ofen backen. Kurz vor dem Servieren mit dem Zitronensaft beträufeln.

# Thunfischmedaillons in Sesamkruste

**1** Das Eiweiß mit der Hälfte der Sojasauce verschlagen. Eine Seite jedes Thunfischsteaks damit gründlich bestreichen, salzen und pfeffern und mit Sesamsamen bestreuen.

**2** Die Chilischote halbieren und entkernen, den Ingwer und die Knoblauchzehen schälen und alles mit 2 Esslöffeln Öl pürieren.

**3** Danach 2 Esslöffel Öl erhitzen und die Thunfischsteaks darin mit der Sesamseite nach unten etwa 2 Minuten braten. Wenden und weitere 4 Minuten garen.

**4** In der Zwischenzeit den Lauch putzen, waschen und in feine Ringe schneiden. Im restlichen Öl andünsten und das Chilischotenpüree zugeben. Mit dem Limettensaft und der restlichen Sojasauce würzen und 1 Minute kochen.

**5** Die Thunfischsteaks portionsweise mit dem Lauch auf Tellern anrichten.

## Zutaten

**Für 4 Personen**

1 Eiweiß
50 ml Sojasauce
4 Thunfischsteaks à 150 g
Salz, frisch gemahlener schwarzer Pfeffer
50 g Sesamsamen
1 rote Chilischote
1 Stück (2,5 cm) Ingwer
2 Knoblauchzehen
6 EL Sonnenblumenöl
2 Stangen Lauch
Saft von 1 Limette

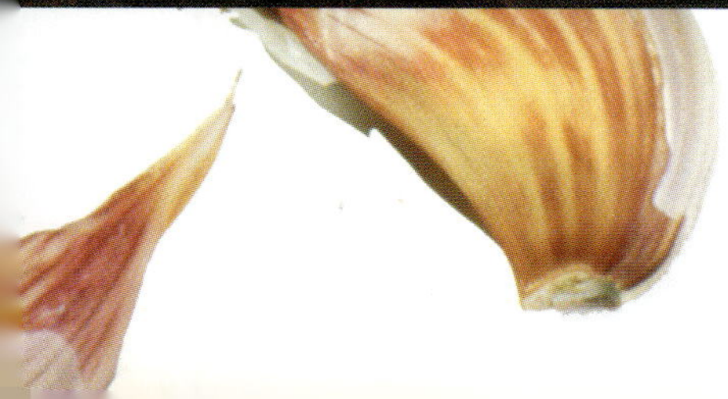

# Süße Träume

Wenn an einer festlich gedeckten Tafel sich im leicht flackernden Kerzenlicht gleichsam noch einmal die Sonne des Tages widerspiegelt, findet ein herrlicher Sommertag seinen würdigen Ausklang. Krönender Abschluss eines solchen Sommernachtsdiners könnten zum Beispiel eine Karamelcreme mit Passionsfrucht oder Zitronen-Quark-Crêpes mit Grapefruitkompott, eine geeiste Mandelcreme, eine Heidelbeertarte, ein Mandelkuchen, ein kaltes Rumsoufflé oder einfach auch ein frischer Obstsalat mit Pfirsichen sein.

Ein Schuss Cointreau verleiht dem frischen Obstsalat mit Pfirsicheis seine spezielle Note.

# Frischer Obstsalat mit Pfirsicheis

**Zutaten**

**Für 4 Personen**

1 Papaya
1 Apfel
1/2 Ananas
2 Bananen
1 Schachtel Brombeeren
2 Nektarinen
1 Kiwi
1/4 Honigmelone
Saft von 1/2 Zitrone
2 Orangen
3 EL Honig
3 cl Cointreau
Pfirsicheis

**1** Die Früchte schälen und in mundgerechte Schnitze schneiden. Das Fruchtfleisch der Honigmelone in kleine Stücke schneiden. Alle Fruchtstücke mit dem Zitronensaft beträufeln. Die Orangen schälen und filetieren.

**2** In einer großen Schale den Honig mit dem Cointreau verrühren und die Obststücke zufügen. Den Obstsalat in Portionsgläser füllen und abschließend je 1 Kugel Pfirsicheis auf den Salat geben.

***Variante***

*Sollten Sie eine Eismaschine besitzen, können Sie natürlich das Eis auch selbst zubereiten. Dazu 300 Gramm Beeren Ihrer Wahl waschen und zusammen mit 130 Gramm Zucker und 1 Esslöffel Zitronensaft pürieren. Die Masse unter 150 Gramm Sahne und 50 Milliliter Milch rühren und alles in der Eismaschine gefrieren lassen. Dies ergibt etwa 1 Kilo Eis. Selbst zubereitetes Eis jedoch nur ein paar Tage aufheben.*

# Zitronen-Quark-Crêpes mit Grapefruitkompott

## Zutaten

**Für 4 Personen**

**Für den Teig**

4 Eier
1/4 l Milch
100 g Mehl
Salz
2 Msp. gemahlener Zimt
1 Msp. Nelkenpulver
2 EL Butter
2 EL Traubenkernöl
3 EL Sonnenblumenöl

**Für den Quark**

2 Limonen
4 EL Zucker
3 getrennte Eier
3 Blatt Gelatine
250 g Quark

**Für das Kompott**

4 Grapefruit
1 Päckchen Vanillezucker
1 EL Aprikosenmarmelade
etwas Minze zum Garnieren

**1** Die Eier mit der Milch verschlagen. Mehl, Salz, Zimt, Nelkenpulver, zerlassene Butter und Traubenkernöl einrühren und zu einem glatten Teig verarbeiten.

**2** Anschließend 1 Limone abreiben, beide Früchte entsaften und mit dem Zucker und den Eigelben in eine Metallschüssel geben. Die Gelatine in kaltem Wasser einweichen. Einen Topf mit wenig Wasser zum Kochen bringen und die Eigelbmischung über Wasserdampf aufschlagen. Gelatine zugeben, auflösen und beiseite stellen.

**3** Das Eiweiß steif schlagen, Quark unter die Eigelbmasse rühren und den Eischnee unterheben. Anschließend den Zitronenquark 2 Stunden kalt stellen.

**4** In der Zwischenzeit etwas Sonnenblumenöl in einer beschichteten Pfanne erhitzen, ein Sechstel des Teiges hineingeben, mit einer kreisförmigen Bewegung gleichmäßig verlaufen lassen, nach 2 Minuten wenden und auf diese Weise 6 Crêpes backen.

**5** Jeden Pfannkuchen zweimal zu einem Viertelkreis zusammenfalten. Grapefruits schälen, filetieren und in einer Pfanne mit Zucker und Aprikosenmarmelade erhitzen. Zitronenquarkcreme in die gefalteten Crêpes füllen, mit Minzeblättern garnieren und mit Grapefruitkompott servieren.

# Karamellcreme mit Passionsfrucht

**1** Die Hälfte des Zuckers mit 3 Esslöffeln Wasser bei mittlerer Hitze in einem kleinen Topf aufkochen und so lange kochen, bis der Sirup beginnt, Farbe anzunehmen. Die Wärmezufuhr dann verringern und den Sirup bei schwacher Hitze weiter kochen, bis er eine dunkle, goldbraune Farbe hat.

**2** Knapp 1 Esslöffel Wasser hinzufügen. Dabei vorsichtig zu Werke gehen, da der Karamell aufwallt und spritzt. Die heiße Masse gleichmäßig auf vier kleine Auflaufförmchen verteilen.

**3** Den Backofen auf 120 °C (Gas Stufe 1) vorheizen. Die Eier und das Eigelb verquirlen, dann Milch und Sahne unterschlagen. Durch ein Sieb passieren.

**4** Das Fruchtfleisch der Passionsfrüchte und den restlichen Zucker hinzufügen, gut vermischen und die Masse in die Auflaufförmchen füllen.

**5** Die Förmchen in ein Wasserbad stellen und die Creme 90 Minuten im Ofen garen, bis sie gestockt ist.

**6** Im Wasserbad abkühlen lassen und anschließend mindestens 2 Stunden oder über Nacht in den Kühlschrank stellen.

## Zutaten

**Für 4 Personen**

125 g Zucker
3 Eier
1 Eigelb
100 ml Milch
100 g Sahne
7 frische Passionsfrüchte
oder 125 g Fruchtfleisch

# Panna Cotta mit Mandelkaramell und Erdbeeren

## Zutaten

**Für 8 Personen**

**Für das Karamell**

150 g Zucker
80 g Butter
50 g Mandelblättchen
Etwas Butter zum Einfetten

**Für das Panna Cotta**

8 Blatt Gelatine
500 ml Sahne
45 g Zucker
1 Vanilleschote
1 EL Vanilleessenz
1 EL dunkler Rum
500 g frische Erdbeeren

**1** Den Zucker langsam karamellisieren lassen, Mandelblättchen und Butter zugeben, gut verrühren und in den ausgebutterten Förmchen verteilen.

**2** Die Gelatine in etwas kaltem Wasser einweichen. In der Zwischenzeit in einem Topf mit schwerem Boden die Sahne, den Zucker, die Vanilleschote und -essenz gut miteinander verrühren und zum Kochen bringen.

**3** Den Topf vom Herd nehmen und alles mit der eingeweichten Gelatine und dem Rum verrühren, bis sich die Gelatine vollständig aufgelöst hat.

**4** Die Masse durch ein feines Sieb streichen, in die vorbereiteten Förmchen gießen und im Kühlschrank erstarren lassen.

**5** Die Förmchen erst stürzen, wenn die Masse völlig erkaltet ist. Dazu mit einem spitzen Messer die Masse vorsichtig vom Rand der Förmchen etwas abheben.

**6** Vor dem Servieren mit den gewaschenen frischen Erdbeeren garnieren.

***Beilagentipp***
Statt Erdbeeren oder anderen frischen Beeren der Saison kann man dieses Dessert auch mit Orangenstreifen garnieren.

# Lavendelkuchen mit Äpfeln

## Zutaten

Etwas Butter und Zucker für die Form
3 große Eier
250 g Zucker
125 g Mehl
1/8 TL Backpulver
1/2 Vanilleschote
180 ml geschmolzene, ungesalzene Butter
2 Äpfel (Rome Beauty oder Golden Delicious)
1/2 TL geriebene Schale einer unbehandelten Zitrone
2 EL getrocknete Lavendelblüten, nicht behandelt (in Spezialitätengeschäften erhältlich)
2 EL Birnenlikör

**1** Den Backofen auf 190 °C vorheizen. Eine 7,5 Zentimeter hohe Gugelhupfform mit einem Durchmesser von 15 Zentimetern oder eine entsprechend große Springform ausfetten und mit etwas Zucker ausstreuen.

**2** Eier mit Zucker, Mehl, Backpulver, Butter und dem Mehl der Vanilleschote verrühren. Die Äpfel schälen, das Kerngehäuse entfernen und das Fruchtfleisch in Scheiben schneiden.

**3** Apfelscheiben, Zitronenschale, Lavendelblüten und Likör in die Eiermischung geben.

**4** Alles in die vorbereitete Form füllen und im Backofen etwa 30 Minuten goldgelb und fest werden lassen.

**5** Den Lavendelkuchen noch warm aus der Form lösen und auf einem Küchengitter abkühlen lassen.

***Übrigens …***
Lavendel ist in der Mittelmeer-Macchia heimisch, wo ihn schon die Griechen und Römer kannten. In der Küche wird er für Marmeladen, Konfekt und für Wildbret oder Fasan verwendet. Man erhält die Blüten in Fachgeschäften.

# Gekochte Birnen mit Basilikum

**1** Die Birnen waschen, schälen, halbieren, dabei den Stängel jedoch nicht entfernen. Die Zitrone halbieren. Die Birnenhälften mit Zitrone einreiben, damit sie nicht braun werden.

**2** Eine Kasserolle oder einen Topf wählen, in dem die Birnen genügend Platz haben. Weißwein, Cassis und Zucker zugeben, zum Kochen bringen und die zuvor halbierte Vanilleschote und die Birnen zufügen. Mit Wasser auffüllen, so dass die Birnen ganz mit Flüssigkeit bedeckt sind.

**3** Die Hitze reduzieren und 5 Minuten leicht kochen. Die Kochdauer hängt von dem Reifegrad der Birnen ab. Teile der Birnen, die aus dem Wasser stehen, so wenden, dass sie im Wasser liegen. Die Birnen dabei nicht einritzen.

**4** Die Hitze abstellen und die gewaschenen Basilikumblätter zugeben. Die Birnen in der Flüssigkeit abkühlen lassen.

**5** Kurz vor dem Servieren die Birnen auf eine Servierplatte geben. Den Sirup auf ein Drittel zusammenkochen, bis er dick und zähflüssig ist. Direkt am Tisch die Flüssigkeit mit den Basilikumblättchen über die Birnen schöpfen.

## Zutaten

**Für 8 Personen**

8 Birnen
1 unbehandelte Zitrone
500 ml fruchtiger Weißwein
45 ml Crème de Cassis
100 g Zucker
1 Vanilleschote
200 ml Wasser
10 Basilikumblätter

### Extratipp

Im Süden sind pochierte Früchte in vielen Varianten ein beliebter Nachtisch. Man kann das Dessert auch mit Pfirsichen oder Nektarinen zubereiten und muß dann die Kochzeit den Früchten entsprechend anpassen.

# Feigentarte mit Thymian

## Zutaten

**Ergibt eine Tarte von 24 cm ×**
**Für 6–8 Personen**

**Für den Teig**
400 g Mehl
1 Ei
1 Eigelb
230 g Butter
170 g Puderzucker
1 Prise Salz
1 Messerspitze Backpulver

**Für den Belag**
Etwa 20 mittelgroße frische Feigen, Stängelansatz entfernt, geviertelt
150 g Zucker, 4 EL Honig
6 EL Mehl, vorzugsweise ungebleicht
1 EL frische Thymianblättchen
2 EL Zitronensaft
2 EL Butter, in kleine Stücke geschnitten
1 Eiweiß, leicht verquirlt
1 Ei
2 EL Sahne
Etwas Puderzucker zum Bestäuben

**1** Für den Teig das Mehl auf einen glatten Untergrund sieben. In die Mitte eine Mulde drücken und das Ei und das Eigelb hineingeben. Gewürfelte kalte Butter mit den restlichen Zutaten auf den Mehlberg geben und mit den Händen zügig zu einem glatten, nicht klebrigen Teig verarbeiten. Diesen etwa 1 Stunde in den Kühlschrank stellen.

**2** Die Hälfte von dem Teig ausrollen. Eine Springform mit 24 Zentimeter Durchmesser damit auslegen und im Backofen vorbacken. Den übrigen Teig für den Deckel beiseite legen. Den vorgebackenen Boden etwa 15 Minuten vor dem Füllen abkühlen lassen. Den Backofen auf 220 °C vorheizen.

**3** In einer Schüssel die Feigen mit Zucker, Honig, Mehl, Thymian und Zitronensaft vermischen. So auf dem vorgebackenen Boden verteilen, dass der Belag in der Mitte etwas höher ist. Danach mit Butterstückchen belegen.

**4** Den restlichen Teig etwa 1,5 Millimeter hoch ausrollen. Mit einer anderen Form als Schablone daraus einen Kreis ausschneiden, der etwas größer ist als die Oberseite der Tarte und ihr Rand zusammen genommen. Die Ränder des Bodens mit dem geschlagenen Eiweiß bestreichen, den größeren Deckel darauf legen. Boden und Deckel an den Rändern zusammendrücken und überstehenden Teig entfernen. Die Ränder mit den Fingern glätten. In den Deckel kleine Löcher stechen. Das Ei mit der Sahne verquirlen, den Deckel damit bestreichen und mit etwas Zucker bestreuen.

**5** Anschließend etwa 15 Minuten backen. Die Temperatur auf 180 °C zurückstellen, die Tarte in weiteren 45 Minuten goldbraun werden lassen und warm oder auf Zimmertemperatur abgekühlt und mit Puderzucker bestäubt servieren.

# Karamellisierte Vanillecreme

## Zutaten

450 ml Milch
50 ml Sahne
1/2 unbehandelte Zitrone, abgeriebene Schale
1 Vanilleschote
1/2 Zimtstange
4 Eigelbe
7 EL Zucker
1 1/2 EL Maisstärke

**1** Die Milch mit der Sahne, Zitronenschale, der Vanilleschote und der halben Zimtstange in einem Topf zum Kochen bringen. Etwa 10 Minuten leicht kochen lassen. Die Zitronenschale, die Vanilleschote und die Zimtstange herausnehmen.

**2** Die Eigelbe mit 3 Esslöffeln Zucker in einer Schüssel schaumig rühren, bis sie hellgelb sind. Die Maisstärke unterrühren.

**3** Einige Esslöffel von der heißen Milch zu der Mais-Eigelb-Mischung geben. Diese Mischung mit der restlichen Milch verrühren. Alles auf der Kochstelle etwa 5 Minuten unter ständigem Rühren leicht kochen lassen, bis eine dicke, cremige Masse entsteht. Sie soll nicht aufkochen und darf nicht nach Maisstärke schmecken.

**4** Die Masse in flache, ofenfeste Förmchen mit jeweils 13 Zentimeter Durchmesser geben. In den Förmchen abkühlen lassen. Einige Stunden, am besten über Nacht, im Kühlschrank fest werden lassen.

**5** Vor dem Servieren jeweils mit 1 Esslöffel Zucker bestreuen. Einen Küchengrill auf die höchste Stufe vorheizen. Die Förmchen auf der höchsten Schiene unter den Grill schieben und so lange grillen, bis der Zucker karamellisiert. Das dauert nur einige Sekunden. Einige Minuten vor dem Servieren abkühlen lassen (der Karamell bleibt nur etwa 30 Minuten hart).

# Schokoladentorte mit gerösteten Mandeln und Rosmarin

**1** Den Backofen auf 190 °C vorheizen. Für eine runde Springform von 25 Zentimeter Durchmesser 1 Stück Backpapier zuschneiden und in die Form legen. Die Ränder der Form mit Butter fetten.

**2** Die Butter in Würfel schneiden und mit der zerstückelten Schokolade in einer Schüssel über leicht kochendem Wasser schmelzen lassen.

**3** Währenddessen Eigelb und Zucker mit einem Elektromixer in 8–10 Minuten hellgelb und schaumig schlagen. Unter weiterem Schlagen die geschmolzene Schokoladenbutter zugeben. Dann die grob gemahlenen und gerösteten Mandeln mit einem Löffel unter die Mischung heben.

**4** Anschließend das Eiweiß steif schlagen. 1 Löffel vom Eischnee unter die Schokoladenmischung heben und damit verrühren, damit sie leichter wird. Den restlichen Eischnee unterheben.

**5** Diese Mischung in die Springform füllen und etwa 20 Minuten backen. Die Hitze auf 160 °C zurückstellen und 1 weitere Stunde backen. Aus dem Backofen nehmen und in der Form, mit einem feuchten Tuch bedeckt, auf einem Backgitter völlig abkühlen lassen.

**6** Die dünne Kruste, die sich dadurch auf der Oberseite des Kuchens bildet, mit einer Palette entfernen und wegwerfen. Den Kuchen stürzen und das Papier abziehen.

**7** Für den Guss die Crème double in einem kleinen Topf zum Kochen bringen. Die Schokolade und den fein gehackten Rosmarin zugeben und den Topf von der Kochstelle nehmen. Die Schokolade während des Schmelzens kräftig mit einem Holzlöffel schlagen.

**8** Die Oberseite und die Seiten des Kuchens mit dem Guss bedecken. Vor dem Aufschneiden abkühlen und ruhen lassen.

## Zutaten

**Für ca. 10 Stücke**

**Für die Torte**
Etwas Butter für die Form
180 g Butter
180 g dunkle Schokolade
6 Eier, getrennt
180 g extrafeiner Zucker
180 g Mandeln, geröstet und grob gemahlen

**Für den Guss**
100 g Crème double
150 g dunkle Schokolade, in kleine Stücke geteilt
2 TL frischer Rosmarin, fein gehackt

### Extratipp

Sehr gut schmecken zu dieser Schokoladentorte Crème fraîche und karamellisierte Kastanien.

# Kaltes Rumsoufflé

## Zutaten

**Für 4 Personen**

1 Tüte Gelatinepulver
3 Eier
6 EL Zucker
200 g Sahne
4 EL Rum
1/2 Vanilleschote
etwas Salz

**1** Das Gelatinepulver in 3 Esslöffeln kaltem Wasser einweichen. Die Eier trennen und die Eigelbe mit 3 Esslöffeln Zucker schaumig schlagen.

**2** Die Sahne zusammen mit der Gelatine leicht erwärmen. Dann unter ständigem Rühren die Eigelb-Zucker-Mischung zufügen. Die Creme darf nicht kochen, sollte aber so lange bei kleiner Hitze gerührt werden, bis sie dicklich geworden ist.

**3** In einem kleinen Topf den Rum erhitzen, mit einem Streichholz anzünden und ausbrennen lassen. Den Rum und das ausgekratzte Vanillemark unter die Creme ziehen. Diese anschließend in einem Eisbad mit dem Schneebesen durcharbeiten und abkühlen lassen.

**4** Das Eiweiß mit dem restlichen Zucker und 1 kleinen Prise Salz steif schlagen und danach vorsichtig unter die Creme heben. Diese in eine Souffléform füllen und mindestens 3 Stunden im Kühlschrank fest werden lassen.

### Extratipp

Falls Sie das Rumsoufflé mit Früchten anreichern wollen, denken Sie daran, dass frische Früchte wie Ananas, Kiwi, Mango und Papaya ein eiweißspaltendes Enzym besitzen, das die Gelatine wieder flüssig werden lässt. Die Früchte deshalb vorher blanchieren.

## Zutaten

**Für 6 bis 8 Personen**

200 g Mandeln
15 Eigelb
150 g feiner Zucker
2 Päckchen Bourbon-Vanillezucker
500 g Sahne
400 ml Milch
2 Eiweiß

# Geeiste Mandelcreme

**1** Die Mandeln unter ständigem Rühren in einer beschichteten Pfanne ohne Fettzugabe goldgelb rösten, abkühlen lassen und sehr fein mahlen.

**2** Eigelbe, Zucker Vanillezucker und 100 Gramm kalte Sahne in einen Topf geben und glatt rühren.

**3** Milch und restliche Sahne zum Kochen bringen. In einem Schwung die kochende Sahnemischung auf die Eigelbmischung schütten und mit einem Schneebesen schnell verrühren; abkühlen lassen.

**4** In eine Schale füllen und im Gefrierfach halbfest gefrieren lassen, dabei gelegentlich durchrühren. Vor dem Servieren das Eiweiß zu steifem Schnee schlagen und unter die Creme ziehen. Mit einer Orangensauce servieren.

## Zutaten

**Für 8 bis 12 Personen**

6 Eier
200 g Puderzucker und Puderzucker zum Bestreuen
2 Päckchen Bourbon-Vanille
abgeriebene Schale von 1 unbehandelten Zitrone
1 TL gemahlener Zimt
1 EL Mehl
1 EL Stärke
1 Messerspitze Backpulver
200 g geschälte Mandeln
Salz
Butter, Öl

# Mandelkuchen

**1** Die Eier trennen. Die Eigelbe mit dem Puderzucker glatt rühren, Vanillezucker, Zitronenschale und Zimt zugeben, sowie Mehl, Stärke und Backpulver.

**2** Die Mandeln sehr fein mahlen und unter die Eigelbmasse rühren. Die Eiweiße mit etwas Salz zu steifem Schnee schlagen und vorsichtig unter die Eigelb-Mandel-Masse heben.

**3** Den Backofen auf 180 °C (Gas Stufe 2–3) vorheizen, eine Springform von 26 Zentimeter Durchmesser mit Öl ausfetten. Den Teig in die Springform füllen, die Oberfläche glatt streichen und den Kuchen 50 bis 60 Minuten in der Ofenmitte backen. Mit einem Holzstäbchen prüfen, ob der Kuchen fertig ist – am Stäbchen darf kein Teig mehr kleben. Sonst noch einige Minuten weiter backen.

**4** Anschließend den Kuchen auf einem Gitter abkühlen lassen und vor dem Servieren gleichmäßig dick mit Puderzucker bestäuben.

# Heidelbeertarte

**1** Die Butter in kleine Stücke zerteilen, auf einen Teller geben und etwas weich werden lassen. Das Mehl mit dem Backpulver und dem Zucker in eine Rührschüssel sieben und die Butter mit den Fingern untermengen, bis ein krümeliger Teig entstanden ist.

**2** Das Ei verquirlen und unterheben. Den Teig zu einer Kugel formen, in Frischhaltefolie einschlagen und mindestens 30 Minuten in den Kühlschrank legen. Den Backofen auf 180 °C (Gas Stufe 2–3) vorheizen.

**3** Den Teig ausrollen, eine Tarteform von 24 Zentimeter Durchmesser damit auskleiden und 20 Minuten ruhen lassen. Mit Backpapier abdecken, mit den Erbsen beschweren und den Boden 10 Minuten blind backen. Aus dem Ofen nehmen, die Erbsen und das Papier entfernen und den Boden zur Seite stellen.

**4** Den Zucker mit 150 ml Wasser aufkochen und die Beeren 15 Sekunden darin blanchieren. In ein Sieb abgießen und abtropfen lassen. Den Zuckersirup bei schwacher Hitze erwärmen.

**5** Die Eier mit der Sahne und dem Zuckersirup zu einer glatten Creme verrühren. Die Mandeln untermischen. Die Beeren gleichmäßig auf dem Tarteboden verteilen und die Creme darüber gießen.

**6** Den Kuchen in den Ofen schieben und 30 Minuten backen, bis die Creme gestockt ist. Die Tarte aus dem Ofen nehmen, etwas abkühlen lassen und anschließend mit Puderzucker bestäuben.

## Zutaten

**Für 8 Personen**

**Für den Teig**
125 g kalte Butter
250 g Weizenmehl
1/2 TL Backpulver
30 g Puderzucker
1 Ei
getrocknete Erbsen zum Blindbacken

**Für den Belag**
30 g Zucker
250 g Heidelbeeren
125 ml Zuckersirup
3 große Eier
4 Eigelb
500 g Sahne
100 g gemahlene Mandeln
Puderzucker zum Bestäuben

# Für besondere Anlässe

Ein gemütlicher Abend bei Kerzenschein und eine festlich gedeckte Tafel, die nur darauf wartet, mit allen lukullischen Freuden der mediterranen Küche aufwarten zu dürfen. Als leichtes Entree für dieses Dinner zu zweit vielleicht eine deliziöse Gurkensuppe mit Garnelen und Joghurt, ein leichter Salat, gefolgt von Seeteufelmedaillons auf Basilikum-Kartoffelbrei und als krönender Abschluss ein Stück Pfirsichkuchen mit Zimt.

Semifreddo mit Limoncello – eine fruchtige Erfrischung am späten Abend.

# Nizzasalat

## Zutaten

**Für das Dressing**

2 Knoblauchzehen
1 unbehandelte Zitrone
50 ml kaltgepresstes Olivenöl
20 ml Weißweinessig
Salz
Schwarzer Pfeffer aus der Mühle

**Für den Salat**

100 g grüne Bohnen
100 g gemischter Blattsalat
1/2 Salatgurke
4 reife Tomaten
200 g Thunfisch in Öl (Dose)
40 g Sardellen, abgetropft
4 hart gekochte Eier
1/2 Bund Radieschen
50 g kleine schwarze Oliven, entsteint

**1** Für das Dressing die Knoblauchzehen schälen und zerdrücken. Die Zitrone auspressen. Das Öl, den Weißweinessig und den Zitronensaft verrühren sowie mit Salz und Pfeffer abschmecken.

**2** Die grünen Bohnen waschen, putzen, halbieren und in kochendem Wasser 3–4 Minuten knapp bissfest kochen, dann in kaltem Wasser abschrecken.

**5** Den Thunfisch mit einer Gabel auseinander zupfen, die Sardellen längs halbieren und die gepellten Eier vierteln.

**6** Die Radieschen waschen, putzen und in Scheiben schneiden. Radieschenscheiben, Thunfisch, Sardellen, Eier, Oliven und Salat in einer Schüssel vermischen. Das Dressing darüber gießen und mit dem Salat vorsichtig vermengen.

**3** Den Blattsalat putzen und waschen. Die Gurkenhälfte in Scheiben schneiden.

**4** Die Tomaten waschen (den Strunk entfernen) und vierteln. Salatblätter, Gurke, Tomaten und Bohnen in einer flachen Schüssel vermengen.

*Übrigens …*
Dieser berühmte Salat eignet sich ebenso als leichtes Mittag- oder Abendessen an einem warmen Sommertag. Dazu kann man Weißbrot und einen gut gekühlten Weißwein reichen.

# Salat mit Auberginen-Cordons bleus

1 Für die Paprikasauce die Paprika waschen, halbieren, entkernen und klein schneiden. Die Zucchini waschen und ebenfalls klein schneiden. Die Zwiebel abziehen und fein hacken.

2 Die Paprika mit der Zwiebel, der Zucchini und dem gepressten Knoblauch im Olivenöl andünsten. Die Fleischbrühe dazugießen und das Ganze bei geringer Hitze etwa 15 Minuten leicht kochen lassen.

3 Anschließend im Mixer fein pürieren, durch ein Sieb passieren, die Sahne zufügen, aufkochen und mit Salz und Pfeffer pikant würzen.

4 Die Aubergine schräg in dünne Scheiben schneiden und auf der Arbeitsfläche auslegen. Die Scheiben mit Salz bestreuen und 3–4 Minuten ziehen lassen, damit die Bitterstoffe aus der Frucht gezogen werden.

5 Jede zweite Scheibe mit etwas Mozzarella und Schinken belegen, mit Salz und Pfeffer würzen und mit der freien Auberginenscheibe zudecken. Gut andrücken, im Mehl wenden, durch das zuvor verquirlte Ei ziehen und im Paniermehl wenden.

6 Für das Salatdressing das Öl und den Essig verrühren sowie mit Salz und Pfeffer würzen.

7 Den Salat putzen, waschen, trockenschleudern, auf Tellern anrichten und mit dem Dressing beträufeln.

8 Die Cordons bleus in der Butter und dem Öl goldgelb ausbacken und auf einem Küchenpapier abtropfen lassen. Dann auf den Salat legen und die Paprikasauce dazugießen. Je Portion mit einem Zweig Petersilie garnieren.

## Zutaten

**Für die Sauce**

1 rote Paprika
1/2 Zucchini
1 Zwiebel
1 Knoblauchzehe
20 ml kaltgepresstes Olivenöl
400 ml Fleischbrühe
100 ml Sahne
Salz
Schwarzer Pfeffer aus der Mühle

**Für die Cordons bleus**

1 mittelgroße Aubergine, ca. 500 g
Salz
60 g Mozzarella
80 g Saftschinken, dünn aufgeschnitten
Salz
Schwarzer Pfeffer aus der Mühle
3 EL Mehl
1 Ei
30 g Paniermehl
30 g Butter
3 EL Sonnenblumenöl
4 Zweige glatte Petersilie

**Für den Salat**

8 EL kaltgepresstes Olivenöl
4 EL Aceto balsamico
Salz
Schwarzer Pfeffer aus der Mühle
1 kleiner Friséesalat
1 kleiner Kopfsalat
40 g Lollo Rosso

# Kalte Gurkensuppe mit Garnelen und Joghurt

## Zutaten

20 Riesengarnelen, gekocht, in der Schale
Salz
Etwas Öl zum Braten
1 TL Kreuzkümmelsamen
2 Gurken
2 Knoblauchzehen
1/4 Bund Kerbel
300 g cremiger Joghurt
Schwarzer Pfeffer aus der Mühle
Eiswasser
1/2 Bund Pfefferminze

**1** Die Riesengarnelen aus der Schale lösen und den dunklen Darmtrakt entfernen. In Salzwasser hin und her bewegen, dadurch verbessert sich das Aroma. Mit kaltem Wasser abbrausen und gut abtrocknen.

**2** Die Riesengarnelen in einer schweren Bratpfanne bei mittlerer Hitze mit etwas Öl 1 1/2–2 Minuten braten, bis sie nicht mehr durchsichtig sind. Mehrfach wenden. Aus der Pfanne nehmen und abkühlen lassen.

**3** Die Kreuzkümmelsamen in einer schweren Pfanne ohne Öl bei niedriger Temperatur 2–3 Minuten rösten, dann beiseite stellen.

**4** Die Gurken mit Schale fein würfeln und in eine große Schüssel geben. Die Knoblauchzehen schälen, zerdrücken, fein hacken und mit dem Kerbel zu den Gurkenwürfelchen geben. Alles fein pürieren. Den Joghurt darüber gießen und mit jeweils 1 Teelöffel Salz und schwarzem Pfeffer aus der Mühle pikant würzen.

**5** Alles mit Eiswasser verdünnen, bis die Suppe so dünn ist, dass man sie gießen kann. Noch einmal mit Salz und Pfeffer nach Geschmack nachwürzen und die Suppe für mindestens 1 Stunde in den Kühlschrank stellen.

**6** Die Suppe in Teller füllen und auf jede Portion 5 Riesengarnelen geben. Die Minzeblättchen darauf legen und alles mit den Kreuzkümmelsamen bestreuen.

# Linguine mit Ziegenkäse und Basilikum

**1** 2 Esslöffel Olivenöl in einer großen Pfanne erhitzen, bis es sehr heiß ist. Darin die Käsestückchen von jeder Seite etwa 30 Sekunden leicht bräunen, aber nicht schmelzen lassen.

**2** Während die Linguine in Salzwasser und etwas Olivenöl kochen, den Knoblauch schälen, in feine Scheibchen schneiden und in 4 Esslöffel Öl goldgelb rösten. Die in der Zwischenzeit fertig gekochte Pasta und die Butter zufügen, alles schwenken, mit Salz und Pfeffer würzen.

**3** Alles auf 4 Schüsseln verteilen. Auf jede Portion einen Käse, Basilikum, Tomatenwürfel und Oliven geben. Abschließend mit Olivenöl beträufeln und mit dem Pfeffer bestreuen.

### Zutaten

Kaltgepresstes Olivenöl
4 runde Ziegenkäse à ca. 15–20 g
500 g Linguine
Salz und Pfeffer
2 Knoblauchzehen
20 g Butter
2 Bund Basilikum, grob gehackt
2 Eiertomaten, gewürfelt
10 schwarze Oliven, grob gehackt
Schwarzer Pfeffer aus der Mühle

# Warmer Radicchio mit Speck und Provolone

**1** Den Radicchio zerpflücken, waschen, trockenschleudern und in eine flache Schale geben.

**2** Die Speckstreifen in einer Pfanne so lange braten, bis das Fett ausläuft und die Streifen knusprig braun sind.

**3** Die Pfanne vom Herd nehmen, das Öl hineingießen, die Pinienkerne zufügen und rösten, bis sie goldgelb sind. Das heiße Öl mit den Speckstreifen und den Pinienkernen über den Radicchio geben und alles gut vermengen.

**4** Die Provolonewürfel dazugeben, den Aceto balsamico zufügen, salzen sowie pfeffern und dann alles nochmals kräftig durchmengen. Abschließend den Salat mit der fein gehackten Petersilie bestreuen und umgehend servieren.

### Zutaten

1 sehr großer oder
2 kleine Radicchios
80 g gut durchwachsener Speck, in feine Streifen geschnitten
2 EL kaltgepresstes Olivenöl
2 EL Pinienkerne
75 g Provolone, gewürfelt
3 TL Aceto balsamico
Salz
Schwarzer Pfeffer aus der Mühle
1 EL frische Petersilie, gehackt

# Fasan mit Apfel und Zitrone

## Zutaten

1 große Zwiebel
60 ml Mais- oder Erdnussöl
1 Fasan von etwa 1 kg Gewicht, ausgenommen, in portionsgerechte Stücke geschnitten, die Karkasse halbiert
3 große Äpfel
1/2 unbehandelte Zitrone
3 EL Rosinen
1 Lorbeerblatt

1 Rosmarinzweig
1 Gewürznelke
Salz
Schwarzer Pfeffer aus der Mühle
100 ml Apfelsaft
1/4 l Hühnerbrühe
3 Karotten, in feine Scheiben geschnitten
4 Frühlingszwiebeln, in Ringe geschnitten

**1** Die Zwiebel schälen und in feine Ringe schneiden. In einer schweren Pfanne bei mittlerer Hitze 2 Esslöffel Öl erhitzen und darin die Zwiebel in etwa 5 Minuten goldgelb dünsten.

**2** In einer anderen Pfanne bei mittlerer Hitze das restliche Öl heiß werden, aber nicht rauchen lassen. Darin die Fasanenstücke stark bräunen, auf jeder Seite etwa 5 Minuten.

**3** Das Fasanenfleisch abtropfen lassen, das Fett vom Bräunen der Zwiebel weggießen und die Fasanenteile in die Pfanne mit der Zwiebel geben.

**4** Die Äpfel waschen, das Kerngehäuse entfernen, das Fruchtfleisch vierteln und in 2 Zentimeter dicke Scheiben schneiden. Die Zitrone abbrausen und von der Schale feine Stäbchen abhobeln, bis etwa 1 Esslöffel gefüllt ist.

**5** Apfelscheiben und die Zitronenschale in die Pfanne geben und etwa 5 Minuten garen, bis die Äpfel etwas weich sind. Die restlichen Zutaten bis auf die Karotten und die Frühlingszwiebeln zufügen und bei geschlossenem Deckel alles 20 Minuten dünsten.

**6** Auf mittlere Hitze zurückstellen, Karotten und Frühlingszwiebeln zufügen und das Gericht ohne Deckel 40–45 Minuten kochen. Der Fasan ist gar, wenn man mit einer Gabel hineinsticht und der herauslaufende Saft klar ist.

# Seewolffilets mit Orangen und Artischocken

**Zutaten**

**Für 4 Personen**

400 g Seewolffilets
Salz, frisch gemahlener schwarzer Pfeffer
100 g Staudensellerie
8 junge Artischocken
Saft von 1 Zitrone
4 Blutorangen
10 EL Olivenöl extra vergine

EXTRATIPP

Eine leicht grünliche Orange kann ebenso reif sein wie eine orangefarbene. Denn erst Temperaturen um null Grad verleihen der Frucht ihre orangene Farbe.

**1** Die Fischfilets waschen, mit Salz und Pfeffer würzen und 10 Minuten in einem Einsatz über einem großen Topf mit kochendem Wasser dünsten. Abkühlen lassen, häuten und auf eine vorgewärmte Servierplatte legen.

**2** Den Sellerie putzen und schräg in etwa 3 Zentimeter große Stücke schneiden.

**3** Die Artischocken waschen, die äußeren Blätter entfernen und die Spitzen der inneren Blätter abschneiden. Den Stiel herausbrechen und das Heu herausschaben, so dass nur noch die zarten Herzen übrig bleiben. Die Artischockenherzen 10 Minuten in Zitronen-Salz-Wasser kochen, dann halbieren. Die Orangen schälen und in Spalten zerteilen.

**4** Den Fisch mit dem Gemüse und den Orangenspalten belegen. Unmittelbar vor dem Servieren mit Olivenöl und dem restlichen Zitronensaft begießen, mit Salz und Pfeffer würzen und alle Zutaten vorsichtig durchmischen.

*Variante*
*Dieses Rezept eignet sich auch sehr gut für Forellenfilets.*

# Seeteufelmedaillons auf Basilikum-Kartoffelbrei

**1** Für den Kartoffelbrei die Kartoffeln schälen, vierteln und in Salzwasser weich kochen. Das Kochwasser abgießen, die Kartoffeln gut abtropfen lassen und durch eine Kartoffelpresse drücken.

**2** Den Backofen auf 160°C (Gas Stufe 1–2) vorheizen. Milch und 150 Gramm Sahne aufkochen. Das Basilikum mit etwas Milch fein pürieren und zusammen mit der Butter und dem Milch-Sahne-Gemisch zu den Kartoffeln geben. Alles zu einem glatten Brei verrühren und mit Salz würzen.

**3** Den Seeteufel mit Salz würzen, im heißen Olivenöl von allen Seiten scharf anbraten und 8 Minuten im Backofen garen. Die Filets in Alufolie einpacken und warm stellen.

**4** Den Bratensatz in der Pfanne mit Weißwein, Fischfond und der restlichen Sahne ablöschen, reduzieren lassen und mit der Butter aufmontieren.

**5** Den Basilikum-Kartoffelbrei auf die Tellermitte anrichten. Die Seeteufelfilets in Scheiben schneiden, auf dem Püree anrichten und mit der Sauce nappieren.

## Zutaten

**Für 4 Personen**

**Für das Püree**
700 g Kartoffeln
Salz
120 ml Milch
350 g Sahne
2 Bund Basilikum
30 g Butter

**Für den Fisch**
600 g Seeteufelfilets
50 ml Olivenöl
100 ml Weißwein
120 ml Fischfond
60 g kalte Butter

# Dünne Rinderfiletmedaillons mit Rucola

## Zutaten

2 Knoblauchzehen
12 sehr dünn geschnittene Rinderfilets, ca. 500 g
3 EL kaltgepresstes Olivenöl
Salz

Schwarzer Pfeffer aus der Mühle
4 Hand voll Rucolablätter
Kaltgepresstes Olivenöl und Aceto balsamico zum Servieren

**1** Die Knoblauchzehen schälen und zerdrücken. Die Rinderfilets mit dem Knoblauch einreiben. Den verbleibenden Knoblauch in das Olivenöl geben und mit 1–2 Prisen Salz und viel Pfeffer würzen.

**2** Die Ölmischung verrühren und das Fleisch für einige Minuten zum Marinieren hineinlegen, während inzwischen eine schwere Pfanne mit ein wenig Olivenöl erhitzt wird und die Rucolablätter geputzt und gewaschen werden.

**3** Das Fleisch aus der Marinade nehmen und dann von jeder Seite in dem sehr heißem Olivenöl 15–20 Sekunden braten.

**4** Das Fleisch aus der Pfanne nehmen und so dicht mit Rucola belegen, dass es vollständig bedeckt ist. Sofort servieren und dazu Olivenöl, Salz, Pfeffer und Aceto balsamico reichen.

***Übrigens …***
*Falls kein frischer Rucola erhältlich ist, kann man diesen auch durch 2 Hand voll frisches, großblättriges Basilikum oder durch jungen Spinat ersetzen.*

# Poulardenbrust mit Limone und Rosmarin

## Zutaten

4 Hühnerbrüste, je ca. 175 g, entbeint und gehäutet
1 EL Mehl
Salz
Schwarzer Pfeffer aus der Mühle
3 EL kaltgepresstes Olivenöl
1 langer Rosmarinzweig
1 unbehandelte Zitrone

**1** Die Hühnerbrüste flach klopfen, halbieren und so zurechtschneiden, dass sie tadellos aussehen. Das Mehl mit einer Prise Salz und Pfeffer vermischen. Die Hühnerbrüste einmehlen, überschüssiges Mehl abklopfen.

**2** Das Olivenöl und drei Viertel des Rosmarins in einer Pfanne bei geringer Hitze etwa 3 Minuten erhitzen. Bei größerer Hitze die Hühnerbrüste etwa 3 Minuten von jeder Seite anbräunen. Die Schale einer unbehandelten Zitrone in Stifte schneiden und zusammen mit dem Zitronensaft zufügen und bei mittlerer Hitze 10 Minuten weiterbraten. Mit einer Messerspitze den Gartest machen: Die Hühnerbrüste sind gar, wenn an der Einstichstelle der Saft klar herausfließt.

**3** Die Hühnerbrüste auf einer vorgewärmten Platte mit den Zitronenschalenstiften und dem Rest des frischen Rosmarins anrichten und sofort servieren.

# Rinderfilet in Amarone-Sauce

**1** Die Zwiebeln schälen und in feine Ringe schneiden. In den Wein geben und so lange kochen lassen, bis die Flüssigkeit zur Hälfte verdampft ist. Mit der Fleischbrühe auffüllen und so lange kochen, bis die Flüssigkeit auf ein Viertel ihres vormaligen Volumens eingekocht ist.

**2** Die Zwiebeln herausnehmen, die Sauce noch etwas eindicken lassen und 10 Gramm der Butter unterrühren.

**3** Das Filet in 4 Medaillons schneiden. Diese in der restlichen Butter braten, auf Tellern anrichten und mit der Sauce übergießen.

### Zutaten

500 g rote Zwiebeln
1/2 l Amarone
(bekannter Wein aus dem Valpolicella-Anbaugebiet)
1/2 l Fleischbrühe
30 g Butter
800 g Rinderfilet

# Ricotta-Mousse mit karamellisierten Feigen

**1** Für die Mousse den Ricotta und die Milch cremig rühren. Die Vanilleschote längs aufschneiden, das Mark herauskratzen und zusammen mit dem Zucker zur Ricotta-Milch-Masse geben. Alles gut miteinander vermengen.

**2** Die Sahne steif schlagen und mit einem Schneebesen unterziehen. Die Mousse zugedeckt für 3–4 Stunden im Kühlschrank ruhen lassen.

**3** Die Haut der Feigen mit einem kleinen Messer abziehen. Den Zucker in einem Topf goldbraun karamellisieren, die Feigen zugeben und vorsichtig umrühren. Mit dem Orangensaft und dem Wein ablöschen, aufkochen und etwa 2 Minuten ziehen lassen.

**4** Mit Hilfe eines Esslöffels Nocken aus der Moussemasse formen und auf Tellern dekorativ anrichten. Die Feigen mitsamt der Karamellsauce dazugeben.

**5** Jede Portion mit einem Blatt Pfefferminze und zuvor gehobelter Zartbitterschokolade garnieren.

### Zutaten

**Für die Mousse**
500 g Ricotta
50 ml Milch
1 Vanilleschote
80 g Zucker
100 ml Sahne

**Für die Feigen**
12 reife Feigen
80 g Zucker
50 ml Orangensaft
4 EL Rotwein

4 Blätter Pfefferminze
80 g Zartbitterschokolade

# Halbgefrorenes mit Limoncello

## Zutaten

**Für das Halbgefrorene**

2 unbehandelte Zitronen
2 Blatt Gelatine
5 Eigelbe
150 g Zucker
4 cl Limoncello (Zitronenlikör)
600 ml Sahne

**Für die Sauce**

300 g Zucker
500 g Erd- oder Himbeeren
30 ml Limoncello
1/2 unbehandelte Zitrone
Mandelstifte zum Garnieren

**1** Die Zitronen abreiben und auspressen. Die Gelatineblätter in einer Schüssel mit kaltem Wasser einweichen. Die Eigelbe und den Zucker in einer Metallschüssel über einem Topf mit Wasserdampf aufschlagen. Zu beachten ist, dass das Eigelb dabei nicht zu heiß wird. Es sollte aber schon ganz leicht binden.

**2** Die eingeweichte Gelatine in der warmen Eigelbmasse auflösen. Anschließend die abgeriebene Zitronenschale, den Zitronensaft und den Limoncello unterrühren.

**3** Die Sahne steif schlagen und unter die abgekühlte Eigelbmasse heben. Anschließend portionieren und sofort einfrieren.

**4** Für die Sauce den Zucker, die Erdbeeren (oder die Himbeeren) und den Limoncello in einen Mixer geben. Die 1/2 Zitrone auspressen und den Saft dazugeben. Alle Zutaten fein pürieren.

**5** Die Süßspeise vorsichtig aus den Formen stülpen, mit der Sauce begießen.

**6** Nach Belieben mit weiteren Früchten der Saison (z.B. Johannisbeeren, Brombeeren) und Mandeln garnieren.

*Übrigens …*
*Um die Süßspeise leichter aus der Form zu stürzen, die Förmchen einfach ganz kurz mit dem Boden in heißes Wasser tauchen.*

# Karamellisierter Apfelkuchen

### Zutaten

**Für 6 Personen**

2 kg Äpfel
(Renette oder Cox Orange)
1 unbehandelte Zitrone, ausgepresst
80 g Butter
160 g feiner Kristallzucker
250 g Blätterteig

**1** Den Backofen auf 140 °C vorheizen. Die Äpfel schälen, vierteln, entkernen und mit Zitronensaft beträufeln. Die Butter in kleine Flöckchen zerpflücken und auf den Boden einer runden, beschichteten und mindestens 6 Zentimeter tiefen Form ausstreuen.

**2** Den Boden der Form dick mit Zucker bedecken. Die Apfelstücke darauf verteilen und im Backofen etwa 1 Stunde backen. Die Form herausnehmen und die Äpfel 1–2 Stunden abkühlen lassen.

**3** Den Blätterteig zu einer dünnen Platte ausrollen, die etwas größer als die Grundfläche der Form sein soll. Die Äpfel mit dem Teig bedecken, dabei die Teigränder ringsum in die Form stecken. Die Tarte in den Ofen schieben und bei mittlerer Hitze 40–45 Minuten backen.

**4** Den Backvorgang ständig im Auge behalten: Der Teig sollte nicht zu dunkel werden. Die Tarte sofort nach dem Herausnehmen aus dem Ofen vorsichtig auf eine Tortenplatte stürzen.

***Übrigens …***

*Die Schwestern Tatin wurden um die Jahrhundertwende mit dieser gestürzten Torte berühmt. In Paris wurde ihre Tarte Tatin zuerst im Maxim serviert.*

# Pfirsichkuchen mit Zimt

**1** Für den Teig das Mehl auf einen glatten Untergrund sieben. In die Mitte eine Mulde drücken und das Ei und das Eigelb hineingeben. Gewürfelte kalte Butter mit den restlichen Zutaten auf den Mehlberg geben und mit den Händen zügig zu einem glatten, nicht klebrigen Teig verarbeiten. Diesen etwa 1 Stunde in den Kühlschrank stellen.

**2** Die Hälfte von dem Teig ausrollen. Eine Springform mit 24 Zentimeter Durchmesser damit auslegen und im Backofen vorbacken. Den übrigen Teig für den Deckel beiseite legen. Den vorgebackenen Boden etwa 15 Minuten vor dem Füllen abkühlen lassen. Den Backofen auf 220 °C vorheizen.

**3** Pfirsichscheiben, Zucker, Mehl und Zimt- oder Ingwerpulver vermischen. In den abgekühlten Boden füllen und Butterflöckchen darauf verteilen.

**4** Den restlichen Teig etwa 1,5 Millimeter hoch zu einem Kreis ausrollen. Mit einer anderen runden Form als Schablone daraus einen Kreis ausstechen, der etwas größer ist als der Boden und der Kuchenrand zusammen. Die Ränder des Bodens mit dem geschlagenen Eiweiß bestreichen. Den Deckel in Tortenstücke schneiden und diese leicht überlappend auf die Pfirsiche setzen. Die Spitzen der Stücke etwas zurückklappen, so dass in der Mitte des Deckels eine Öffnung entsteht.

**5** Die Ränder des Bodens und des Deckels zusammendrücken und überstehenden Teig entfernen. Ei und Sahne zu einer Glasur verrühren. Deckel und Seiten mit der Eiglasur bestreichen und mit dem Zucker bestreuen.

**6** Den gedeckten Pfirsichkuchen etwa 15 Minuten backen. Die Temperatur auf 180 °C zurückstellen und den Kuchen in weiteren 30 Minuten goldbraun backen.

**7** Auf einem Küchengitter abkühlen lassen und noch warm oder auf Zimmertemperatur abgekühlt servieren.

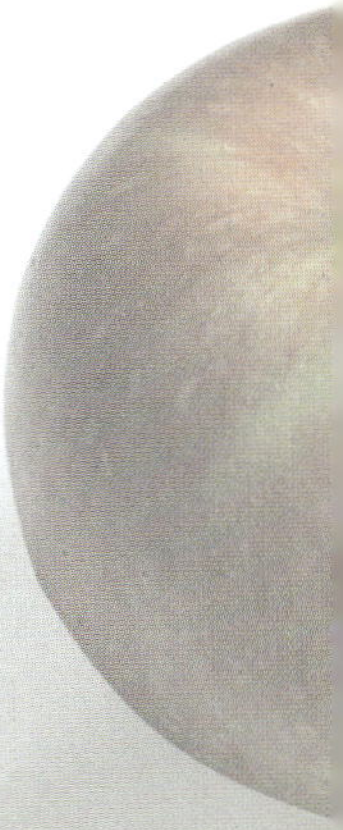

## Zutaten

**Für 6–8 Personen**

**Für den Teig**
400 g Mehl
1 Ei, 1 Eigelb
230 g Butter
170 g Puderzucker
1 Prise Salz
1 Messerspitze Backpulver

**Für den Belag**
5 große Pfirsiche, geschält, entsteint, in Scheiben geschnitten
250 g granulierter Zucker
45 g ungebleichtes Mehl
1/2 TL gemahlener Zimt oder Ingwer
2 EL Butter, in kleine Stückchen geschnitten
1 Eiweiß, leicht geschlagen
1 Ei
2 EL Sahne
Etwas granulierter Zucker zum Bestreuen

### Extratipp

Am besten weiße Pfirsiche oder Nektarinen verwenden. Mit Vanille- bzw. Ingwereis oder einer Eiercremesauce servieren.

# Register

*R*



*S*



*T*



*V*



*Z*

# Impressum

## Bildnachweis

Alle Bildmotive stammen von Rainer Hofmann, München (Stylist: Jan Reuther; Foodstylist: Tim Landsberg) mit Ausnahme von: Christian Kargl/Ute Schoenenburg, München: 76, 77, 78 l., 79, 136 r./Freisteller, 137, 138, 139, 140 Freisteller, 141, 145, 146 Freisteller, 147, 150, 151, 154 r./Freisteller, 155 Freisteller, 159, 160 Freisteller, 161, 162l., 163, 178 (Freisteller), 179, 180, 181 l., 208; Studio B., Hamburg: 87 r., 105 r.; Südwest Verlag, München: 46 l., 86, 100, 108 l., 124, 126, 142, 144, 146 (Frank Heuer), 152 r., 158, 199 Freisteller (Karl Newedel), 209 r.

Geschirr, Besteck und Accessoires: Villeroy & Boch

Ein Teil der Außenaufnahmen wurden in einem der Ferienappartements von »Apartments El Gallo« bei Todoque auf La Palma fotografiert. Kontaktadresse für Buchungen von Appartements über: Interservicios A&K, Franz und Angel, Apartamentos y Construccion, Tel.: 922-463553, E-mail: interalkem@jet.es, Todoque/Isla La Palma. Ein weiterer Teil der Aufnahmen wurde in der Ferienresidence »Villa Catignano« bei Siena fotografiert. Kontaktadresse für Buchungen von Appartments über Sign. Marmoross, Via Montanini 110, 53100 Siena, Tel.: (0039)-(0)577-288114, Fax: 45029

Besonderen Dank an Herr Franz Wilhelm für seinen unentbehrlichen Einsatz und Hilfe bei den Foodaufnahmen.

## Impressum



Redaktion: Cornelia Osterbrauck
Redaktionsleitung: Dr. Reinhard Pietsch
Bildredaktion: Bettina Huber
Umschlag/Layout: Manuela Hutschenreiter
DTP/Satz: Reiner Löb
Titelbild: Rainer Hofmann, München
Produktion: Manfred Metzger (Leitung), Annette Aatz, Dr. Erika Weigele-Ismael

Printed in Germany

ISBN 3-517-09094-8